사계의
　레
　코
　드

김단아 지음

FOREST
WHALE

"순간의 조각들이 모여, 찬란함으로 물들어,
그 계절을 함께 걸어갈 당신을 위한,
사계의 레코드"

#Sound Track I
봄.

고요하게 떠나고,

따스하게 피어나는 계절

Playlist

취향의 기쁨 _14

동심과 초심 _18

my way, your way _23

존재의 온도를 높이는 삶 _28

지울수록 선명해지는 _35

꽃이 지는 순간, 사랑은 피어난다 _39

Before Sunrise _43

오늘의 청춘에도 좋아요를 _46

나에게 '좋아요'를 눌러주세요 _49

#Sound Track II

여름.

초록 잎 선량함으로

피어나는 사랑의 계절

Playlist

익숙함이라는 덫에 갇혀 평등을 말하다 _54

무지한 친절에서 의식 있는 연대로 _58

결국 사랑이었다 _60

빵과 마음을 잇는 곳, 브레드이음소 성심당 _63

두드림 _68

나는 여전히 걸어가는 중입니다 _73

세상은 아프지만, 그래도 나가보아야 하기에 _76

청춘의 길에서 찾은 향기 _79

진심어를 입력하세요 _83

여행자 _88

#Sound Track Ⅲ

가을.

붉게 무르익어가는

계절

Playlist

느림으로 물들어 그리움을 꽃피우다 _96

청춘의 대합실, 사평역 _101

노을빛의 하모니를 이루다 _102

교감이라는 선율로 탄생한 걸작품 _108

청춘과 성숙의 교감 _113

고유한 향기로 남아 _115

청춘 스테이션 _118

사랑의 방식 _123

Dream을 위한 Dream _128

#Sound Track IV

겨울.

하얀 낭만으로

물들어 새로운

봄을 맞이하는 계절

Playlist

우리들의 블루스 _134

끝은 또 다른 시작 _141

이중성 _144

고독감을 넘어 _148

영원이라는 이름의 조용한 온기 _153

슬픔과 기쁨 _159

바다의 노래 _166

타인과 시선 _169

집으로 돌아가는 길 _173

삶을 닮은 겨울 길 _180

Sound Episode 1
봄,
고요하게 떠나고,
따스하게 피어나는 계절

"봄, 봄, 봄 새로운 시작으로 피어나,
너라는 영롱함으로 수놓아"

🎼 취향의
기쁨 ○

영화 소공녀는 질문을 던졌다.
나는 지금, 행복한가?
그리고 나는, 진짜 나로 살고 있는가?
영화 속 주인공 미소는 우리 사회가 흔히 말하는 '정답'의 길을 따르지 않는다.
냉난방조차 되지 않는 쪽방에서 살고, 젊은 청춘들이 기피하는 가사도우미 일을 하며 살아간다.
그녀는 매일의 삶이 결핍투성이인 듯 보이지만,
그 결핍 속에서도 가장 자기다운 방식으로 삶을 살아간다.

집을 잃고 일마저 잃게 된 미소는
위스키와 담배만은 포기하지 않는다.
위스키와 담배는 그녀의 고집이자 세상과 자신을 잇

는 살아있다는 증표였다.
미소는 자신의 취향과 신념으로 삶을 완성해 나간다.

우리는 종종 타인의 시선을 쫓느라 '행복'을 잃어버린다.
성공을 좇으며 나를 잊고,
관계를 지키려다 나의 마음을 놓아버린다.
삶에는 수학 공식처럼 정해진 정답이란 없다.
정답이라고 여겨지는 프레임은 존재하지만,
그 프레임에 꼭 들어가야 할 필요는 없다.
그보다 더 중요한 건 나를 지탱해 주는, 소소하지만 분명한 기쁨들이다.
누군가에게는 위스키와 담배일 수 있고,
내게는 매일 아침을 깨워주는 커피 한 잔과
나를 사유하게 하는 한 권의 책일 수 있다.
그건 스스로를 존중하는 방식인 취향의 기쁨이다.

작고 보잘것없어 보여도,
그 무언가가 나를 나답게 만드는 것이라면,
내 인생이라는 퍼즐에 자신만의 취향과 존재들로 채

워나가길.

우리는 모두 각자의 자리에서 제 몫의 빛을 내고 있다.
화려하지 않아도, 인정받지 않아도,
있는 그대로의 나여도, 충분히 괜찮은 삶.
청춘이 그 자체로 아름다운 것처럼
그 자체로 충만한 삶이 있다는걸.

'행복'이란 누군가의 기준에 맞춰 얻어내는 것이 아니라,
각자의 방향이 있다는 것.

봄 길에서 기쁨을 묻는다,
나는 나의 취향을 지키며, 나답게 살아가고 있는가?

𝄞 동심과
초심 °

어른이 된다는 건 어쩌면 많은 것을 '잊어가는 일'일지도 모른다.

눈부시던 들판의 꽃,
손끝에 간질이던 민들레 씨앗,
작디작은 것에도 웃음이 터졌던 어린 시절.
우리는 자라면서 세상을 배웠고,
그만큼 순수함은 멀어져갔다.

따뜻함이 묻어나오는 곳, 매년 12월 25일
따뜻함의 공간에서 부모는 산타가 된다.

첫째는 이미 세상을 조금씩 알아가고,
둘째는 사춘기의 시간을 건너고,
셋째는 장난기 많은 시절을 달리고,
막내는 아름다움이 드리워진 동화 속에 산다.

크리스마스의 해가 뜨기 전 새벽녘,
몰래 선물을 포장해 머리맡에 두고,
산타가 왔음을 알린다.

사랑스러운 거짓말은
동심을 지켜주는 작은 연극이었다.

아이들은 안다.
포장의 주름이 낯익다는 것을,
선물 속 글씨체가 낯설지 않다는 것을.
그럼에도 불구하고,
동화 속 이야기를 그린다.

"막내의 산타를, 우리가 지켜줘야 해."

그 다짐이 크리스마스에만 머무는 건 아닐 것이다.
누군가의 순수함을 지키고 싶다는 마음,
그것이야말로 우리가 세상 속에서 초심을 잃지 않는
가장 다정하고 아름다운 방식이 아닐까.

누구에게나 한때는 있었다.
세상의 빛이 눈동자에 투명함으로 반사되던 시절이.

그 시절 우리 안에는 두 개의 투명한 마음이 있었다.
하나는 동심(童心), 아이의 맑은 마음.
그리고 또 하나는 초심(初心), 처음의 단단한 마음.

그러나 살아가면서 우리는 잊고, 잊었다.
고단한 현실 앞에서 동심은 '고심'이 되었고,
초심은 '낙심'으로 기울었다.
우리는 몰랐다.
어느새 삶이 우리 마음 위에 먼지를 쌓았다는 것을.
살아가는 동안 우리는 수없이 넘어지고 넘어질 것이다.
초심은 퇴색하고, 동심은 흐려진다.
하지만 그럼에도 불구하고 기억할 것은,

크리스마스에 찾아오는 산타처럼,
우리도 동심을 기억하고, 초심을 다질 수 있다는 것을.

포장지 하나를 조심스럽게 여는 설렘,
아침을 여는 찬란한 빛,
그 속에서 우리는 동심과 초심을 꽃피워
그렇게, 피어나는 계절을 걸어간다.

𝄞 my way,
your way ○

우리는 어릴 적부터 '훌륭한 사람이 되어야 한다'는 말을 자주 들으며 자라왔다. 학교의 목표는 늘 '훌륭한 인재 육성'이었고, 성공의 기준은 누군가에게 칭찬받는 것이며, 좋은 대학과 안정적인 직장을 목표로 삼는 것이 당연한 것처럼 여겨졌다.

하지만 문득, 질문하게 된다.
'훌륭하다'는 말의 정의는 무엇인가.
누구나 똑같은 이상을 품고, 똑같은 길을 걸어가야만 훌륭한 인생이라 말할 수 있을까.
우리가 마주한 삶의 풍경은 각기 다르고, 세상을 바라보는 눈 또한 저마다의 색을 품고 있다. 누군가는 하늘색을 좋아하고, 누군가는 남색을 좋아한다. 누군가는 진한 보라를 좋아하지만 누군가는 연한 보라를 좋아한다.
각자의 청춘의 색이 다른 것처럼.

누군가는 오로라의 빛처럼 다채로운 색을 품는다.
그리고 그 색은 모두 아름답다.

우리 안에는 우리가 미처 알아차리지 못한 수많은 재능이 숨어 있다. 하지만 우리는 때로 안정감이라는 이름 아래, 혹은 사회적 기준이라는 틀 안에서 그 색을 꺼내지 못한 채 살아간다. '이 길이 맞는 길일까?'라는 질문 앞에서, 좋아하는 것보다 정해진 정답을 먼저 택하는 경우가 얼마나 많았던가.

선택의 기로에 설 때, 고민이 요동칠 때.
어떤 선택이 가장 후회가 없을지는 후회의 크기를 바라보면 된다.
우리는 좋은 결과가 보장되지 않는 삶 앞에서 망설이지만, 선택하지 않았을 때 더 후회가 클 것 같은 선택을 기꺼이 선택한다면.
언젠가 돌아보았을 때, 적어도 내가 나의 빛을 외면하

지 않았노라고 말할 수 있다면, 그것으로 충분하지 않을까.

안전하고, 평탄한 삶.
복사된 듯 정해진 퍼즐 조각들로 흘러가는 날들.
세상의 기준에 맞추려다 나의 색을 잃어버리는 순간,
우리는 우리가 누구였는지를 잊게 된다.

어떤 색이든 그 자체로 아름답다.
지금 이 순간 선택의 기로에 서서 선택을 고민하고 있다면,
더 후회하지 않을 선택을 하는 것.

나의 색을 믿고 나아가는 청춘 길에서, 때론 흔들리고 좌절할지라도, 결국은 나만의 무늬로 빛나게 될 것이라는 것.

오늘도

There is no compass in life

"Still I walk."

"내가 걷고 싶은 길은, 내가 선택한 나의 색으로 물든 길이다."

𝄞 존재의
온도를
높이는
삶。

한때, 사람의 온기는 사치였고
'사랑'이라는 말은 공기처럼 쉽게 휘발하던 시절이
있었다.
모두가 잿빛 속 추위에 움츠러들던 그 시대.
윤대원 의사는 그 잿빛 시간을 온몸으로 버텨냈다.
무너진 도시와 공허한 밤거리, 참혹한 시대의 잔해 위에 소년은 조용히 꿈을 심어갔다.

덕적도의 삭막하고 척박했던 잿빛 섬,
아버지가 남긴 숭고한 그림자 아래,
그는 마음속에 다짐했다. 스스로 누군가의 등불이 되겠노라고.

그리고 1971년. 한강 이남의 어두운 의료 현장에 그는 첫 불빛을 지폈다.

무너진 사람들을 일으켜 세우는 울타리가 되었고, 희망이 끊긴 환자들의 마지막 등불이 되었다.

계속되는 병마 속에 그는 어둠으로 뒤덮여만 가는 머릿속에 한 사람만을 떠올렸다.

그의 스승이자 아버지였던 윤덕선 의인이었다.

그는 수많은 사람들 앞에 거목처럼 우뚝 서서 아픈 이들의 거센 바람을 막아주기도 했고,

삶의 어둠 속 한 줄기 빛을 비추어 주었던 등대였다.

그의 등을 기억하는 작은 아이는 끝이 없이 몰아치는 병마들 속에서,

꺼져가는 생명을 얼기설기 이어가며 묵묵히 환자의 곁을 지켰다.

그는 '사람을 향한 진심' 단 하나의 일념으로 누더기가 된 자신을 일으켜 세웠다.

윤대원 의사는 삶의 방향키를 '마이티 닥터'라는 존재적 신념으로 잡았다.
길 위에서 소외된 이들의 친구가 되었고, 빠라크촌이라 불리던 가장 어두운 거리의 가로등이 되었다.
돈이 없어 치료받지 못하는 노동자들, 절망 속에 갇힌 영세민들 그 누구도 그의 진료실 문 앞에서 예외가 아니었다.

누구나 어느 순간 아플 수 있고,
누구나 그 아픔을 치유해야 했다.

윤대원 의사는 평등한 치유라는 신념을 단단하게 뿌리내렸다.
그 첫 발걸음으로 국내 최초 민간 자선병원 '성심 복지관'을 세웠으며,
성심병원을 통해 의료의 봄 길을 냈다. 작은 불씨 하나에서 시작된 이 불길은
교육, 상담, 청소년, 노인복지로 옮겨가며 거대한 불꽃으로 세상을 비췄다.

그의 손끝은 의료의 경계를 허물며
'존재의 의미'를 끝없이 물었다.

윤대원 의사는 끝없이 자문했다.
"어떻게 살아야, 존재로 남을 수 있는가."

그 답은 언제나 단순했다.

"타인의 고통에 침묵하지 않는다. 세상의 고단함 앞에 기꺼이 무너질 수는 있지만, 결코 꺼지지 않는다."

인간애,
사랑,
존재의 가치.

그는 다가갔고, 건넸으며, 작은 촛불 하나를 남겼다.

우리가 배워야 할 건 거창한 무언가가 아니다.

그저, 누군가의 작은 촛불이 되는 일.
그 불빛이 모이면 세상은 분명 다시 따뜻해진다는 믿음 그뿐이다.

오늘도
내일도
미래도

앞으로 수많은 의료인들이 살아가고 있을 것이다.

어느 낡은 마을에서,
어느 이름없는 곳에서

조용히, 그러나 분명히
누군가의 어둠을 밝히는 촛불이 되어줄 것이다.

그리고 언젠가,
그 촛불들이 모여
찬란한 횃불이 되어

이 아픈 세상에 다시 따뜻함을 전할 것이다.
아픔 속에서 만개하는 청춘처럼 그렇게 어느 순간 조용히 불꽃은 만개할 것이다.

🎼 지울수록
　　선명해지는 ○

우리는
태어날 때 환호로 환영받고,
죽을 때는 침묵과 눈물로 배웅받는다.

삶의 시작에는 축복이 함께하지만,
삶의 끝에는 후회와 성찰이 함께한다.

30년이라는 긴 시간 동안 유재철 장례지도사님은 수많은 마지막 길을 함께하셨다.
대통령 여섯 분의 마지막 순간도 함께했고,
이름 모를 수많은 이들의 마지막 숨결에도 곁을 지켰다.

누구나 '탄생'에는 익숙하지만,
'죽음'에 대해서는 침묵한다.

그러나 죽음은 담담히 말한다.
죽음을 생각해야 비로소 '삶'이 깊어진다고.

유재철 작가는 서른여섯에 처음으로 장례지도사가 되었다.
누군가의 마지막 순간을 따뜻하게, 존엄하게 보내는 그 일을 자신의 사명으로 받아들였다.

사람을 평가하지 않고, 부정적인 언어를 사용하지 않는 것.
그것이 마지막 길을 인도하는 사람의 '기본 예의'였다.

그는 고인의 앞에서 절대 평가의 언사를 하지 않았다.
침묵으로, 오직 조용한 애도를 드렸다.

유재철 장례지도사는 염습부터 영결식까지,
고인의 마지막 길을 조용히 동행한다.

"사람은 살아온 대로 표정에 드리운다."
고인의 표정을 통해

한 사람의 인생이 마지막 순간까지 얼굴에 담긴다는
것을 목도한다.

고인의 종교와 가치관을 존중하는 것처럼,
살아 있는 우리도 서로의 다름을 배려해야 함을 배운다.
청춘의 꽃이 전부 다른 찬란함을 가진 것처럼.

장례식은 단지 슬픔의 자리가 아니었다.
경건한 배웅이자, 남은 이들의 삶에 던지는 질문이었다.

"나는 어떤 모습으로 떠날 것인가."
"나는 누구의 기억에 어떻게 남을 것인가."

"내일이 당연한 것처럼 살지 말라."
삶이 영원하지 않기에
지금 이 순간에 더욱 충실해야 함을
마지막 인사 속에서 깨닫는다.

그는 '일기일회'라는 말을 전한다.
일생에 단 한 번, 우리 모두 특별한 인연을 만나고

일생에 단 한 번, 마지막 인사를 받게 된다.

마지막 인사가 미소로 남을 수 있도록
오늘을 어떻게 살아야 하는지
그 진지함 속에서 우리는 묻게 된다.

"오늘 나는 누군가에게
따뜻한 말 한마디를 건넸는가."

청춘의 시간은 흘러간다.
매 순간을 단단하게,
조용히 그러나 깊게 살아가자.

𝄞 꽃이
　　지는 순간,
　　　　사랑은 피어난다 ○

해마다 봄은 계속해서 찾아온다.
기다리던 꽃이 피고, 허무하게 져간다.
꽃잎이 흩날리는 자리에 우리는 문득 깨닫는다.
아름다움은 영원하지 않기에, 더욱 빛난다는 것을.
그리고 그 덧없음이야말로, 삶이 품은 가장 고요한 사랑이라는 것을.

엄마는 언제나 그 봄 한가운데에 서 계셨다.
바람에 흔들리는 날이면 가만히 등을 받쳐주시고,
쏟아지는 빗속에선 조용히 우산을 씌워주셨다.
두려움에 웅크릴 땐 품 안으로 이끌어 안아주셨다.

나는 오래도록
손길을 '당연한 보호'라 여겼고,
우산을 '당연한 몫'이라 생각했고,
품을 '당연한 쉼'이라 믿었다.

하지만 엄마도 어느새 말한다.
"젊었을 땐 매일이 기대됐지 아이들이 크는 모습이 기뻤고, 새로 피는 꽃을 보면 내일도 아름다울 거라 믿었어."
그러고는 아주 조심스레 덧붙였다.
"그런데 이제는 꽃이 피면, 내년에도 이 꽃을 너희와 함께 볼 수 있을까 그게 자꾸 아쉬워지는 거야."
그 말에 나는 한동안 아무 말도 할 수 없었다.
봄은 여전히 찬란한데, 엄마의 시선은 점점 더 느리고, 더 깊어지고 있었다.
어릴 적 내가 청춘이라 부르던 계절은 엄마의 청춘을 지나 피어난 것이었음을,
이제야 알게 되었다.
지나간 계절 속에서
엄마는 늘 지지 못했던 꽃이었다.

시들지 못한 채 계속해서 온기를 피워냈고,
우리를 끝없이 밀어 올리며 사랑이라는 이름으로 조용히 남아주었다.
그러니 이제는 그 손을, 그 마음을,
우리도 고요히 붙잡아야 할 때다.
사랑은 떠나는 것이 아니라 남는 것이다.
그리고 남은 마음은, 다시 누군가의 봄이 되어 피어난다. 엄마는 늘 지지 않는 봄이었다.

𝄞 Before
　　Sunrise °

우리는 살아가며 종종 남을 탓합니다.
그런데 남탓이 꼭 나쁜 걸까요?

사실 남을 탓하는 그 순간, 우리는 우리 자신을 지키고 있는지도 모릅니다.
외부로 원인을 돌리며 스스로를 감싸안고 있는 거죠.
어쩌면, 우리 자신을 꽤나 아끼고 있다는 증거일지도 모릅니다.

우리는 매일 흔들립니다.
상처받지 않기 위한 본능적인 움직임 속에서
남을 탓하는 행위는 나를 보호하고, 숨 쉴 틈을 만들어주죠.

하지만,
우리는 조금 더 성숙한 삶을 살아갈 필요가 있습니다.
성숙이란, 단순히 더 이상 남을 탓하지 않는 삶이 아니라
상황을 한 걸음 물러서서 바라볼 수 있는 힘을 말합니다.

조망하는 힘.
내가 처한 상황을 제3자의 시선으로 바라보는 연습.
그 연습 속에서 나는 '내 탓'과 '남의 탓' 사이를 객관적인 시선으로 바라볼 수 있어야 합니다.

내가 잘못한 부분은 겸허히 받아들이고
상황에 대한 객관성을 부드럽게 인지하는 것.

자주 넘어진다 해도
그 모든 순간은 내가 나를 더 잘 알기 위한 과정인 것이죠.
어린아이가 처음 걸음을 떼듯, 수없이 넘어지며 세상에 적응하는 것처럼

우리도 그렇게, 나를 알아가고, 이해하며
수용하는 겁니다.

나를 좋아하는 건 거창한 일이 아니에요.
상황을 돌아보고, 그 안에서 나를 지키고자 한 마음도
인정해 주고
때로는 나의 부족함도 따뜻하게 바라보는 것.
그리고 매번 넘어진 자리에서 스스로를 일으켜 세우는 그 순간에
조금 더 내 편이 되어주는 일.
결국, 우리는 매일
조금씩
      조금씩
더 나를 좋아하는 사람이 되어가는 중입니다.

𝄞 오늘의
　　　청춘에도
　　　　　좋아요를 ○

의문의 키스만 남긴 채 사라진 궁극의 소녀, 선망의 대상이자 매력적인 사라 휠러.
실종된 소녀를 찾는 시간은 마치 좌충우돌 청춘의 길 위를 보는 듯하다.

실종된 소녀와 더불어 명랑 소년, 소녀 불패기 친구들이 다니는 기독교 학교 윌로그로브는
음주금지, 정치적 표현 금지 등 각진 틀로 정해진 규칙들과 확고하고 완전한 도덕성을 강조하는 일명 네모 공간!
명랑 소년 소녀들은 금지된 참나무 위에 올라가며 자신들의 네모 청춘 길을 동그라미 길로 만들어간다.

실종되었던 소녀, 사라 휠러가 돌아온 지 D-day 1일.

사라 휠러는 기존의 모습과는 전혀 다른 모습으로 등장해서 좌충우돌, 질풍노도의 파도에 불을 지펴버린다. 학교 치마 규정보다 최소 8cm 짧은 치마를 입고, 주방 가위로 몽땅 자른 듯한 어깨 위 머리에 윌로그로브 복장 규정에 명백히 어긋나는 핫핑크 색 염색 머리까지 완전히 틀을 깨버린 좌충우돌 자유분방한 소녀로 샤라 휠러는 다시 학교에 나타난다.
그들은 네모 청춘 길 위에서 자신만의 그림을 그리며 동그라미 청춘 길을 만들어가는 중이었다.

우리의 청춘 길에는 윌로그로브 학교와 같은 네모 네모 틀과 벽이 존재하곤 한다.
틀에 맞추는 삶을 살아가는 이유는 자기효능감을 낮추지 않는 방법이라고 생각하고, 이 틀에 맞추지 못하면 도태된 사람으로 여겨진다고 생각하기 때문이다.
우리는 어느새 그 틀에 자연스럽게 맞추는 방법을 익히고, '나'에 대해 고민해 보고, 생각해 보고 되돌아보는 여유를 잃어버리곤 한다.

질풍노도의 시간은 청소년이 겪는 시간이라 여기지만, 자신만의 청춘 길을 걷는 청년도, 중장년도 그 이후의 시간에서도 우리는 모든 청춘 길에서 많은 고민을 하고 혼란을 겪는다.

오늘도 흔들림 속에서도 청춘의 꽃을 피운 하루,
봄은 이렇게 말한다.
"흔들려도 괜찮아, 결국 우리만의 꽃으로 피어날 테니."

🎼 나에게
　　'좋아요'를
　　　　눌러주세요。

우리에게는 두 가지 사고가 있다.
'인지적 사고'와 '비인지적 사고'
우리는 어렸을때부터 많은 부분을 외부적인 요인들에 의해 바라보는 사고인, 인지적 사고로 살아왔다.

하지만, 내면의 소리인 감정, 내 생각, 내가 느낀 바를 있는 그대로 바라보고 이야기할 줄 아는 비인지적 사고가 누구에게나 필요하다.
내면의 목소리에 귀를 기울일 줄 아는 것은 자기 존재감의 중요성을 알고, 자신을 발견하는 시간이기 때문이다.

우리는 과거에서 생각이 머물기도 하고, 오지 않는 미래에 집중하며 지금 중요한 현재를 직시하지 못하는 경향이 있다.

'지금-여기, 현재'를 중요시하는 비인지적 사고를 통해 나 자신의 가치를 깨닫고, 자기 존재감을 발견하며, 계절이 무르익어 가듯, 나아가는 삶의 방향성에 대해 청춘의 시간 속에서 사유해 보길.

지금도 잘하고 있고, 지금 모습도 충분히 훌륭하니, 나를 더 사랑할 줄 아는 사람이 되길.

"사랑이 두렵다면 누군가를 사랑하기 전에 너 자신을 사랑하는 것부터 시작해.
거절당하는 일은 절대로 없을 테니까"

Sound Episode 2

여름,
초록 잎 선량함으로
피어나는 사랑의 계절

"여름밤의 꿈처럼 너는 내게 다가와 잠시 나를 머물게 해"

🎼 익숙함이라는
덫에 갇혀
평등을 말하다 ○

우리는 너무 쉽게 말합니다.
"평등한 세상에서 살고 싶다."
하지만, 정말 우리는 평등한가요?

자신이 겪는 불평등에는 기민하게 주시하면서 다른 이가 겪는 불평등에는 아이러니하게도 무감각하다. 너무나 당연한 것으로 자연스럽게 받아들여 왔고, 구조적인 문제와 장벽의 네트워크가 차별임에도 차별임을 인지하지 못했다.

'장애인', '비장애인', '장애우',
우리는 그렇게 아무렇지 않게 말해왔다.

"이 말은 누구를 위한 말인가요?"
'비장애'라는 말 속에는 누군가를 비정상으로 구별짓는 이면이 숨어 있다.
'장애우'라는 단어에는 '친근함'보다는 '동정'이 흐르고 있다.
'틀림'이 아닌 '다름'을 인정하기까지
우리는 얼마나 많은 무지를 당연하게 받아들였는지
돌아보게 된다.

우리가 당연하게 누렸던 평범함,
그 평범함조차 누리지 못했던 이들의 이야기에
귀 기울여야 할 때.
다른 이의 청춘도 아름답게 바라볼 수 있길.
'선량한 차별주의자'가 아닌 '선량한 이타주의자'로.

매일의 말, 시선, 행동 속에서,
타인의 존재와 자신의 존재를 봄의 시작처럼 꽃피울 때.

'공정'이라는 불투명한 단어 대신
'함께'라는 단어를.

말과 시선 하나가
누군가의 벽이 아니라
누군가의 다리가 되어줄 수 있다면,
우리의 일상은 조금 더 따뜻해질 것이다.
'불관용'을 '관용'으로,
'편견적 시선'을 '균형적 시각'으로,
'틀림'이 아닌 '다름'으로 받아들이는 포용적인 삶을
청춘처럼 꽃피우길.
있는 그대로, 서로를 바라볼 수 있기를.

🎼 **무지한**
　　친절에서
　　　　의식 있는
　　　　　　연대로◦

글을 몰랐고, 무지했다.
그렇지만 삶의 고개에서 살아가기 위해
사나이는 운전면허증 없이 트럭 운전을 해왔다.

"그래도 글을 배우셨어야죠.
그래서 운전면허 시험을 보셨어야죠!"

그때 슬기로운 검사 생활의 검사님은 깨달았다.
나의 기준으로
다른 사람의 세상을 자신의 시선으로 평가하고 있었다는 것을.

검사님은 문맹자도 운전면허를 딸 수 있는
음성 시험이 있다는 것을 알려주었다.

그 덕분에 사나이는 운전면허를 땄고,
오늘도 물건을 가득 실은 트럭을 몰고 세상 고갯길을 나선다.
내일을 향한 꿈을 싣고.

무지했지만,
연대를 통해
삶의 고뇌 속에서도 고개를 들었다.
누군가의 꿈은 연대를 통해 푸르른 여름으로 피어난다.

🎵 **결국**
 사랑이었다°

어두운 밤은 길어도, 영원하지 않다.
밤이 깊어질수록 새벽은 가까워 오고,
상처가 짙어질수록 사람의 온기가 더 선명해진다.

우리는 때로 너무 아파서 세상에 등을 보이고 도망치고 싶을 때가 있다.
그럴 때 곁에 있어 주는 사람은 소란을 피우지 않는다.
그저, 조용히 곁에 앉아 묵묵히 같이 어둠을 걸어가준다..

사랑이란
기쁜 날에만 존재하는 것이 아니다.

때로는 상처 위에 쌓이고,
때로는 말없이 안기는 뒷모습이 되어

그 사람의 등을 지탱해 준다.
그러니 잊지 말아야 한다.

우리도 누군가에게
그런 비를 대신 맞는 사람이 될 수 있다는걸.
소리 없이 건네는 우산 하나가
어쩌면 그날, 그 사람의 삶을 바꿀 수 있다는걸.
오늘도 누군가는 조용히 사랑을 건넨다.

때로는 외롭고 어두운 밤 같은 하루일지라도, 나와 우리가 함께라면 이 세상은 결코 어둡지만은 않다.
그러니 사랑하고, 사랑하자. 나를 품어준 시간들과, 사랑하는이에게. 내게 상처를 주었지만 결국 나를 더 단단하게 만든 이들에게도.
우리의 삶이 우리의 밤이 '밝은 밤'이 될 수 있도록
오늘 하루도 사랑의 마음으로 살아가자.

🎼 빵과
마음을 잇는 곳,
　　　　브레드이음소 성심당○

이곳의 빵은 조금 특별하다.
단순한 먹거리가 아니라 누군가의 아침을 밝히고,
그리움을 데우며 기억을 녹여내는 온기 그 자체다.

어느 날은 외로운 어르신의 하루를,
어느 날은 어린아이의 소풍을,
어느 날은 가족의 기념일을
살짝 감싸주는 그런 빵 냄새 대신 사람 냄새가 물씬
풍기는 곳이다.

따뜻함을 전하는 이 작은 가게는 한 번의 화재로 문을 닫을 뻔했지만
모두가 마음을 모아 다시 문을 열었다.

'장사를 다시 시작했다'는 말보다,
'다시 사람을 맞이했다'는 표현이 더 잘 어울리는 순간이었다.

성심당은 단순한 빵집이 아니다.
함께 걷는 이들의 손을 놓지 않는 작은 공동체다.
그래서일까. 이곳에는 무지개 프로젝트라는
참 예쁜 이야기가 있다.
무지개는 비가 온 뒤에야 잠깐 떠오르는 것.
언제나 쉽게 볼 수 있는 건 아니지만
그 찰나의 아름다움이 우리를 멈춰 서게 한다.

삶도 그렇다.
온전한 조화를 만나기까지
늘 비를 지나야 한다.

나는 그 무지개의 마음을 담아 붓으로 한지를 채웠다.
한지에는 무궁화가 피어났고, 한글 곡선의 유려함이 녹아들었다.

부산 한글아트전에서 외국인들에게 한글의 따스함을 전하고 싶기에 붓으로 꾹꾹 눌러 담았다.
작은 생각으로 시작한 작업이 생각보다 멀리 닿았고, 내 마음이 전달되었는지 뜻밖에도 3등이라는 상을 받았다.
하지만 그보다 더 크게 다가왔던 건,
그림 앞에 멈춰 선 누군가의 표정이었다. 익숙하지 않은 한글을 바라보며
"이건 무슨 뜻이에요?"
라고 물어보며 다가왔던 한 외국인,

그 순간, 나는 알았다.
내가 만든 무지개는
그들에게 단지 그림이 아니라
건네진 마음이 되었다는 것을.

아마 이 감정이,
'선량한 이타주의자'가 느끼는 마음과 닮아 있을 것이다.
누군가에게 도움이 되고 싶었고,

결국은 그 마음이 조용히 닿았다는 걸 느꼈을 때.
그걸로 충분했던 마음.
선량한 이타주의자는
늘 앞에 나서지 않는다.
누군가의 뒤에서 조용히 등을 떠밀어주고,
필요할 땐 말없이 곁을 지킨다.

그들은 "착하다"는 말보다
"있어서 참 다행이다"라는 말을 더 좋아한다.
이 말 한마디에 누군가의 다리가 되고,
시선 하나가 어떤 사람에게 햇살이 된다면
그게 바로 이타의 시작 아닐까.
누군가는 지금도 촛불 하나를 들고 다른 이의 어둠을
밝혀주고 있을지 모른다.
크고 환한 불빛은 아니지만 한 사람에겐 충분한 온기를.

𝄞 두드림 °

청춘은 언제나 무수히 많은 꿈을 품는다.
그리고 그 꿈은 흐르는 강물처럼 한 방향으로만 흐르지 않는다.
때로는 갈라지고, 때로는 막다른 길에 닿는다
그 길들 위에 나라는 부표를 띄운다.

작사가 김이나.
지금은 수많은 히트곡 뒤에 이름을 올리는 인물이지만,
그녀의 시작은 작사가가 아니었다.
오히려 작곡가가 되고 싶었던 청년,
음악을 사유하고 멜로디에 숨을 불어넣고 싶었던 이였다.

그녀는 좋아하는 음악을 향해
그저 조용히, 그러나 우직하게 나아갔다.
그러다 인생의 터닝포인트처럼
김형석 작곡가를 우연처럼, 인연처럼 만난다.

그녀가 동경하던 그 사람에게,
무모하리만치 용기를 내어 다가간다.

"지금 생각하면 당돌하기 짝이 없는데, 그 대단한 작곡가에게 대뜸 작곡을 배우고 싶다고 말했었다."
-김이나의 작사법 도서 중

세상은 언제나 용기 있는 사람에게 작은 기회를 건넨다.
그 용기가 진심에서 비롯되었다면, 더더욱.

김형석 작곡가는 그녀를 보며 말한다.

"글을 재미있게 쓰는데, 작가를 해보면 어떻겠어요?"
- 김이나의 작사법 도서 중

그 말 한마디는 꿈 방향을 바꿨지만, 꿈의 진리는 꺾이지 않았다.

김이나는 작곡의 길을 잠시 접고,
그 대신 가사를 쓰는 사람이 되기로 한다.
가사가 삶이 되었고,
단어 하나에 온 마음을 담기 시작했다.

그녀는 긴 터널 속을 걷고 있었다.

어떤 날은 이 길이 맞는지 수없이 묻고,
어떤 날은 문이 닫히는 소리에 낙심하기도 했을 것이다.
하지만 멈추지 않았다.
"계속 문을 두드렸다."

어쩌면 꿈이란,
가장 처음에 품은 것보다
그 꿈을 향해 걸어간 과정에 더 진짜가 숨어 있을지도 모른다.

열망하든 갈망하든 음악 안에서 자신의 길을 찾았고,
지금은 누군가의 감정을 노래에 녹이는 사람이 되었다.

꿈이 방향을 바꾸더라도,
그 열망이 진짜였다면 그 길은 결코 헛되지 않다.
그리고 문은, 두드리는 자에게 언젠가는 열리게 되어
있다는 것.

청춘은 틀려도 괜찮은 시기다.
하지만 단 하나, 포기만 하지 않는다면
그 긴 터널 끝에서
분명 누군가는 말할 것이다.

"그때 당신이 문을 두드려줘서 참 다행이에요."

𝄞 나는
　　여전히
　　　　걸어가는
　　　　　　중입니다。

성공하기 힘들다는 도예가의 삶.
그럼에도 우직하고 많은 인내가 필요한 청춘의 삶.

그 길을 걱정하는 주변의 많은 우려 속에서도
자신만의 청춘의 신념과 함께, 현재도
험난하지만 찬란한 도예가의 삶을 당차게 살아가고
있다.

도전하고 싶은 것이 있다면,
주저 없이 도전하는 진취적인 삶.
삶을 향한 열정과 도전은
산티아고 순례길을 아홉 번이나 이끌었다.

산티아고 순례길, 고행길을 한없이 걸으며

고질병까지 생겼지만
그녀는 청춘의 길 위에 걸음을 멈추지 않았다.

자연의 섭리에 감사하고,
불어오는 바람과 자연의 광경을 만끽하며
오늘도 목표를 이루었고,
그 도전을 성취함으로써
자신을 믿은 결과를 스스로 증명해 냈다.
청춘의 여정을 증명하는 것처럼.

정해져 있는 울타리에 갇혀
좋아하는 도예가의 삶이 아닌,
남들이 말하는 평범한 삶을 살았다면
과연 작가님은 행복한 삶이었을까?

두려운 삶.
한 치 앞도 알 수 없는 삶일지라도
도전과 열정의 빛으로 자신만의 청춘 길을 밝히며
앞으로도 자신만의 사랑하는 길을 걸어갈
모든 청춘들에게.
청춘 길 위에 자신만의 이야기를 써 내려가길.

🎼 세상은

　　아프지만, 그래도

　　　　나가보아야 하기에 °

문학작품《동승》속 한 스님은 그 고요한 절 안에
세상의 소란으로부터 지켜주고 싶은 아이를 품었다.
스님의 눈빛엔 언제나 연민이 담겨 있었고,
그의 손길은 세상의 거친 바람을 막아줄 듯 따뜻했다.

"세상 밖에 나가면, 상처받을지도 모르잖니."
그 말은 곧, 자신이 겪어낸 고통과 실망의 잔해를 고스란히 품은
한 사람의 진심 어린 걱정이었다.

그러나 절 안의 어린 동승은 달랐다.
그는 세상을 향한 눈을 떼지 못했다.
절의 담장 너머로 펼쳐질 낯선 사람들,
알지 못하는 거리의 소리,

그리고 아직 경험하지 못한 수많은 이야기들.

그 모든 것들이
그의 청춘을 뛰게 만들었다.
"세상은 얼마나 클까요? 나는 그 바깥으로 나가보고 싶어요."

한 사람은 안에서 머무르고 싶어 했고,
다른 이는 밖으로 나가고 싶어 했다.
한 사람은 안식이 상처를 덮는 길이라 믿었고,
다른 이는 상처조차 배움이 될 수 있다고 믿었다.

청춘의 성장은
'밖'과 '안' 사이를 오가며 완성된다.

밖은 불확실함이지만, 그 안에 배움이 있고,
안은 안정감이지만, 그 안엔 멈춤이 있다.

그렇게 청춘은,
품과 상처 틈에서 자라난다.

머무를 용기와 나아갈 용기,
그 둘 사이에서 우리는 무엇을 선택할까.

아직 답하지 않아도 괜찮다.
청춘은, 언제나 그 물음에서부터 시작되니까.

𝄞 청춘의
길에서
찾은 향기 ○

"나를 실망시킨 그녀였지만, 그녀를 외면하는 것은 곧 아이러니한 축복을 스스로 저버리는 일이야."

영화 『악마는 프라다를 입는다』에서는
한 사람의 이탈에 담긴 이중적인 감정을 드러낸다.
세상은 냉정하고, 성공은 종종 희생을 요구한다.
패션지 런웨이의 편집장 미란다 프리슬리는 그 냉정함을 가장 정제된 형태로 구현한 인물이었다.
절대 타협하지 않는 완벽주의자이기에 그 누구보다 차갑게 보이지만,
그 안에는 '자신의 방식으로' 이끄는 강한 이타심이 있었다.
안드레아는 처음엔 그저 기자라는 꿈을 위해 잠시 런웨이에서 머물려고 했다. .

하지만 런웨이라는 세계는 그녀를 다른 사람으로 바꾸어 놓는다.
매일이 경쟁이고, 한순간의 실수도 허용되지 않는 그곳. 차가운 시선과 날카로운 언어, 무너질 틈조차 주지 않는 그 환경은 안드레아를 점점 성공하는 '타인'의 모습으로 만들고 있었다.
그러던 어느 날, 그녀는 문득 멈춰 선다. 그토록 매달렸던 자리가 정말 자신이 원하던 곳이었을까?
더 빨리, 더 높이, 더 화려하게. 그것이 과연 자신의 길이었을까?
성공이라는 이름 뒤에서 그녀는 점점 '나'를 잃어가고 있었다.
그때, 미란다는 아무 말 없이 그녀를 놓아준다.
자신과 닮았던 후배에게 건넨 조언은 결국 '나로 살아가라'는 가장 냉정한 응원이었는지도 모른다.
완벽주의자였던 미란다는 누구보다 인간의 약함을 잘 알았기에 자신만의 방식으로 배려했고 성공보다 중요한 것을 그녀만의 방식으로 가르쳐 주었다. 떠나는 그녀의 뒷모습에 "실망"이라는 단어를 얹은 이유도 그 실망이 곧 존중이었기 때문이다.

자기 신념을 지킨다는 건 타인의 기대를 저버리는 일이기도 했다.
우리는 때로 그런 조언을 뒤늦게 이해한다.
날 세운 충고 뒤에 깃든 따뜻한 이타심을,
차가움 속에서 가장 진한 향기를 남기는 마음을.
안드레아는 그렇게 자신만의 길을 다시 걸어간다.
성공보다 중요한 것이 있음을,
배운 대로가 아닌 '내 방식대로' 살아가야 한다는 것을 깨닫게 되었기에.

🎼 진심어를
입력하세요 ○

누군가를 설득하는 말보다 강한 건 그 사람을 이해하는 말이고,
누군가를 이기는 말보다 오래 남는 건 그 마음에 닿은 말이다.
말은 단순한 소리가 아니다. 그 안에는 감정이 실리고, 그 감정은 곧 그 사람의 온도가 된다.
그리고 그 온기는 누군가를 지켜주는 힘이 된다.
드라마 검색어를 입력하세요 WWW 속 타미는
차갑고 단단한 언어를 쓰면서도 가장 부드러운 온기를 전할 줄 아는 사람이었다.
그녀의 말은 때로는 직설적이고 날카로웠지만,
그 날카로움 뒤에는 상대를 향한 배려가 숨어 있었고,
누군가를 지키기 위해 자신이 대신 날을 세우기도 했다.
그녀가 고른 단어는 화려하지 않았다.

때로는 아주 짧았고,
때로는 긴 침묵을 머금은 뒤에야 조심스럽게 흘러나왔다.

그러나 그 말은 한 번도 가벼운 소리로 흩어지지 않았다.
듣는 사람의 마음에 뿌리 내릴 만큼,
무게를 가진 말이었다.

『언택트건 컨택트건 잘 팔리는 말솜씨』의 강동섭 저자는 말한다.
말을 잘한다는 건 말을 많이 하는 것이 아니라,
듣는 힘, 공감하는 태도, 그리고 신뢰를 쌓는 자세라고.
말은 누군가를 움직일 수 있다. 그러나 더 중요한 건,
그 말로 누군가를 '지켜주는 것'이다.
말은 혀끝에서만 나오는 것이 아니다.
그 사람의 시선과 숨결, 머무는 침묵과 고개를 끄덕이는 타이밍까지가 모두 말이 된다.
이 모든 작은 동작이 상대를 안심시키고,

상처를 덮는 온기가 될 수 있다.
진심어에는 기술보다 마음이 먼저다.
아무리 멋진 문장이라도
상대의 마음을 헤아리지 않는다면
그건 공허한 소음일 뿐이다.

진심어,
그 한마디가 사람을 살린다.
그 한마디가 무너진 하루를 붙잡는다.
그 한마디가 절망의 끝에 서 있는 발걸음을
다시 앞으로 내디딜 수 있게 한다.
선량한 이타주의자는
말로 자기 존재를 드러내기보다
타인의 마음이 무너지지 않게 받쳐준다.

때로는 침묵으로,
때로는 짧은 위로로,
혹은 단 한 문장으로 사람의 하루를 바꾸어 놓는다.
그런 말은 시간이 지나도 사라지지 않는다.
마치 비에 젖은 흙이 오랫동안 향을 머금듯,

진심으로 건넨 말은 오래도록 마음속에서 계속 온기를 낸다.

오늘도 따뜻한 진심어를 입력해 주세요.

🎼 여행자

"멈춰 있는 시간도 빛날 수 있다는 건
스스로를 사랑하며 품을 수 있어서야"

우리는 종종 '목표'가 있는 삶만이 가치 있다고 여기고,
무언가를 계속 이루어야 한다고 말한다.
그 틀에 맞지 않는 삶은 불안한 것, 방황하는 것이라
쉽게 규정하곤 한다.

하지만
때로는 머무름조차 아름답고, 한 발짝 멈춘 그 자리에
꽃이 피어나기도 한다.

어쩌면 우리는 쉬는 법을 잊은 채 살아왔는지도 모른다.
목적 있는 삶, 목적 없는 있는 그대로의 삶, 그리고 쉬

어가는 삶.

모두 우리의
삶이고 방황이 아닌 앞을 향해 나아가고 있는 것이라는 사실을.

발길 닿는 대로 걷고 있는 우리들의 삶도
하나의 여행이자, 하나의 완전한 청춘이다.

"삶은 찬란한 여행 길, 스쳐 가는 모든 순간이 목적이 돼."

삶의 여정 길이 빛나는 건 모든 '도중'에 있다. 계획했던 길이 아니더라도, 목적이 선명하지 않더라도, 열심히 걷고 있다면, 그 자체로 충분히 의미 있는 걸음이다.

한없이 흔들리고, 불안하고, 어리숙했던 하루들이 성숙으로 자란다. 목적 없는 발걸음도 결국은 우리를 어디론가 데려다준다.
청춘은 언제나 찬란한, 또는 찬란해질 길 위에 있다.

지금 우리가 걸어가는 이 순간이 바로 인생의 소울인 것처럼.

어렸을 땐 성장한 청춘이 나의 손을 잡아주었다.
엄마는 우산이 되어 주었고, 아빠는 더위를 식혀갈 수 있는 그림자였다.

우리는 그렇게 성숙한 청춘을 보며 어른이 되었다.
우산도, 지도도, 안내판도 없이 스스로 청춘의 길을 찾아 떠난 나그네.
세상이 정해 놓은 '나이'라는 숫자에 맞춰 우리는 어른이 되어야 한다고 배웠지만,
진짜 어른은 나이를 먹는다고 저절로 되는 게 아니란 걸 알게 된다.

진정한 어른은 스스로를 인도하는 사람이다.
불안정한 세상 속에서 주체적으로 삶을 선택하고, 자신의 실수에도 책임을 지며,
청춘 거리에서 자신의 방향으로 나아가는 사람.
그게 바로 '어른' 아닐까.

때로는 아무 방향도 보이지 않고
뒤처진 듯한 느낌이 들 때가 있다.
출발선상에서 멀어진 듯한 느낌.
떠나야만 할 것 같은데, 어디로 가야 할지 모를 때.
발은 묶여 있고, 마음은 복잡하게 얽혀 있는 그런 순간.

하지만 생각해 보면,
우리는 불확실 속에서
길을 떠나야 했다.
머물면 안 될 것 같아서.

그러다 문득 깨닫는다.

우리는 모두 인생이라는 여정의 여행자다.
목적지가 없다고 해서 잘못된 길을 걷고 있는 건 아니다.
지도가 없기에 더 많은 풍경을 보고, 더 깊은 자신을 만나게 되는지도 모른다.
무수한 청춘의 길 위의 여정엔 '정답'은 없다.

그 여정 속에서 내가 발견한 '나만의 빛'은, 누구와도 바꿀 수 없는 선물이 된다.
어른이 되면 누군가 빛을 비춰주기를 기다리는 것이 아니라
스스로 어둠 속에서 나를 비추는 별이 되어야 한다.

언젠가 태양은 다시 뜨고
어제의 구름은 오늘의 바람에 밀려난다.
그러니, 괜찮다.
오늘은 오늘의 빛이,
내일은 내일의 해가 뜰 것이니.
그저 흐르는 강물처럼 오늘도 우리의 여행을 떠나보자.

Sound Episode 3
가을,
붉게 무르익어 가는 계절

"차가운 바람결에 고개를 숙이며 걷다가 마주치는 햇살에 미소 짓던 그런 날"

𝄞 느림으로
　　　물들어
　　　　　그리움을
　　　　　　　꽃피우다○

흑백 카메라 하나가 내 마음을 오래된 기억 속으로 이끌었다.
빛과 그림자만으로 세상을 담던 그 시대, 흑백의 간결한 아름다움은
삶을 조금 더 천천히, 조금 더 따뜻하게 바라보게 했다.
아날로그는 느림의 언어였다.
조금 느려도 괜찮았고, 기다리는 시간이 오히려 삶을 풍요롭게 했다.
빠름보다 정이 먼저였고, 편리함보다 사람의 온기가 가까웠던 그 시절.
그곳엔 느려도 괜찮았던
배려, 여유, 그리고 기다림이 있었다.

사랑하는 사람에게 편지를 쓸 때면

몽당연필로 조심스레 눌러쓴 단어마다 마음이 묻어나고,
한 글자씩 천천히 써 내려가던 그 순간조차 설렘이었다.
그렇게 써 내려간 편지는 그리움을 데우며 도착했다.
우편함에 머무는 순간까지도 그리움이라는 설렘이 있던 그 시절.
기다림은 곧 사랑이었고, 기다릴 수 있다는 건,
마음을 담아 누군가를 깊이 생각한다는 의미였다.
서점에서 익숙한 책 냄새를 맡으며 책장을 넘기고,
레코드판 위에 음악이 흘러나오던 순간,
삶은 음악처럼 천천히 흘렀다.

책을 읽고, 음악을 듣고, 조금 느리지만 진한 아날로그의 시간들은
지금보다 훨씬 따뜻했다.
느림은 그렇게, 하루의 속상함을 덮어주었다.

지금은 손끝 하나로 수천 장의 사진을 찍고,
미련 없이 포착된 순간들을 삭제한다.
쉽게 찍고 쉽게 지울 수 있기 때문에.

아날로그의 필름 카메라 시절,
사진은 인내와 기다림이 동반된 추억이었다.
조심스럽게 한 컷, 또 한 컷을 눌러 담으며
빛나는 순간의 찬란함을 담았고, 그 찬란함을 소중히 여겼다.
인화를 기다리는 시간은 설렘이었고,
그렇게 완성된 사진 한 장은 쉽게 지울 수 없는 소중한 기억의 조각들이었다.

흑백 텔레비전 속엔 함께 웃고 울던 이웃들이 있었다.
지금의 컬러 TV는 우리에게 화려한 세상을 보여주지만,
형형색색의 삶을 부러워하느라 정작 놓쳐버린
'이웃의 온기'가 그 시절엔 선명히 그려져 있었다.
공중전화 앞에서 누군가를 떠올리던 시간,
삐삐가 울릴까 마음 졸이며 숫자를 확인하던 시간,
그 시절의 통화는 단순한 연락이 아닌 그리움의 표상이었다.
만남은 우연이 아닌 약속이었고,
연락은 그 자체로 마음의 표현이었다.
조금 불편했지만, 조금은 느렸지만 그래서 더 정이 넘

쳤던 그 시절.
빠르게 살아가는 지금의 일상 속에서,
그 느렸던 아날로그의 숨결을 다시 그려본다.
청춘의 그리움처럼.

풍요로움이란 꼭 빠름에서 오지 않는다.
속도가 아닌 방향이, 편리함이 아닌 진심이 삶을 채워준다.
어쩌면 우리는 지금,
조금 느림 속에도 충분히 행복할 수 있다는 사실을
느림의 미학은 알려준다.

다시 흑백의 풍경 속으로,
다시 그 시절의 감성 속으로,
마음을 천천히 걸어본다.
청춘의 그리움속으로.

아날로그는 사라진 것이 아니라,
우리 안에 여전히 숨 쉬고 있는 그리움의 이름이라는
것을.

🎵 청춘의
대합실,
사평역 ○

이른 새벽을 달려 늦은 새벽녘으로 열차의 시간은 느리게 흘렀다.
각자의 삶의 무게를 짊어지고 언제 올지 모르는
기다림의 공간 사평역.

삶의 무게는 무거웠으나 차가운 공간은
서로의 온기로 따뜻했다.

지금은 그리움이 된 청춘의 작은 정거장.
기차는 느렸지만
따뜻함 속에 기다림과 그리움으로 남은 사평역.
애틋함이 있었던 청춘의 시간처럼
오늘도 청춘의 시간을 그리길.

♪ 노을빛의
　　　하모니를
　　　　　이루다 ○

"책장을 넘기는 마음처럼, 조심스럽지만 단단하게 나는 또 한 발을 내딛여."

중학생 시절, TV를 켜둔 채 무심코 리모컨을 들고 있던 어느 날.
문득, 리모컨을 내려놓게 만드는 음악 소리에 시선이 머물렀다.
감미로우면서도 애절한 목소리로 노래를 부르던 네 명의 남자 그룹.
그 노래는 바로, 노을의 '그리워 그리워'였다.

노을은 1집 '붙잡고도'를 발표하며 대중 앞에 처음 모습을 드러냈지만,
주로 모바일 속에서만 볼 수 있는 가수로 존재했다.

그러다 보니 그들의 아름다운 노래가 널리 전해지기엔 한계가 있었고,
결국 음악 방송 프로그램 출연이라는 변화를 선택하게 된다.

하지만 청춘의 빛이 흐릿해 지던 시기.
무려 6년이라는 긴 공백기를 가지며
'가수'라는 꿈은 청춘의 늪에서 점차 흐려져 갔다.

노을의 멤버 나성호 가수님은
노래 제목처럼 '붙잡고도' 놓을 수 없었던 가수라는 꿈을
현실이라는 벽 앞에서 수없이 고민했다.
이상과 현실 사이라는 청춘의 길 위에서 괴로워하던 그는
외교부 인턴이라는 새로운 삶을 선택하게 된다.

청춘의 시간은 흘렀다.
노을빛이 점점 희미해질 무렵,
그들은 다시, 가수라는 꿈을 향한 의지를 되살린다.

리더 이상곤 가수님은
'솔로'가 아닌 '함께'일 때 완성되는 청춘의 하모니를 이었다.
강균성, 전우성 가수님은 한걸음에 노을 곁으로 달려왔고,
현실의 울타리 안을 살아가던 나성호 가수님도
울타리를 넘어 노을로서 청춘의 하모니의 삶을 선택하게 된다.

노을빛은 다시 선명해져
청춘의 하모니는 다시 봄을 그렸다.
선명해진 청춘의 모습.
다시 시작된 청춘의 하모니 곡은 '그리워 그리워'였다.

어느새 노을은 데뷔 20주년을 넘어
지금 이 순간에도
노을빛을 아름답게 밝혀가고 있다.
그들의 노래는 여전히,
하모니의 울림을 전한다.

현실과 꿈 사이의 괴리감.
그 사이에 선 불안과 외로움은 모든 청춘의 고민이자
사유이다.
그 모든 것을 이겨낼 수 있었던 건
꿈을 향한 간절한 의지와,
서로에 대한 믿음이 있었기 때문일 것이다.

콘서트 마지막,
전우성 가수님의 소감이 잔잔히 울려 퍼졌다.
"목소리가 허락하는 순간까지 노래를, 노을과 함께
부르고 싶다."

기꺼이 울타리 밖을 넘어
자신들만의 아름다운 하모니를 이룬 그들의 모습은
지금 이 시대를 살아가는 청춘들의 모습이다.

네 사람의 빛깔이 모여
하나의 찬란한 '노을빛'을 이루듯,
청춘의 우리도 이상과 꿈을 향해

나만의 빛을 띠는 길을 걸어간다.

자신만의 길을 걷고 있는 모든 이들에게—
노을의 이야기가, 그들의 빛나는 여정이
청춘의 마음에도 작은 응원이 되었기를.

당신만의 노을빛이,
언제나 환하게 빛나길.

𝄞 교감이라는
    선율로
        탄생한
            걸작품○

어떤 노래는 그저 흘러가는 멜로디일 뿐이다.
하지만 어떤 노래는, 그 사람의 지난날과 마음을 담은 시간의 기록처럼 다가온다.

김범수 가수님이 3시간가량의 그 긴 시간 속에 소중한 조각 파편들이 모여 감미로운 선율의 교감을 완성했다.

김범수 가수님은 노래를 '잘' 부르는 얼굴 없는 가수였다.
ost가수로 세상 밖에 나오지 않았던 가수가
용기 내어 세상 밖으로 나왔다.

그리고 마음이 교감과 닿았을 때,
비로소 '걸작'이라는 이름이 완성되었다.
그렇게 청춘의 걸작은 만들어졌다.

김범수의 25주년 콘서트의 내용은 '여행'이었다.
이 콘서트가 특별했던 이유는 25주년이라는 긴 노래 위에 자신의 삶을 담았다는 것도 있었지만, 후배 가수와의 '교감'을 통해 걸작품을 만들었기 때문이다.

김범수 가수의 타이틀곡 『여행』이, 최유리 후배 가수에게 선물 받은 곡이라는 이야기를 들었을 때, 깨달았다.

걸작은 언제나 혼자서 만들어지는 게 아니란 걸.
진심과 진심이 교감할 때, 마음과 마음이 닿을 때,
비로소 한 편의 노래가, 시간의 조각들이, 한 권의 인생이
'작품'이 되는 거란 걸.

음악 위에 노래 길을 걸어 온 여정 25년.
김범수 가수의 인생은 곧 노래였고,
노래는 곧 그가 걸어온 여정이었다.

그 여정 속에는 좋았던 날도, 고된 날도 있었겠지만
돌아보면, 그 모든 날이 "소중했다"고 말하는 그는
이미 자신만의 인생 걸작을 써 내려가고 있었다.

김범수 가수님은 말했다.
"나의 꿈은 50주년까지 노래를 부르는 것이다."

그 말 속엔 단지 시간의 목표만이 아니라,
앞으로도 노래 위에 삶을 걸겠다는 고백이 담겨 있었다.

선배와 후배의 사이,
시간과 진심이 오가는 음악적 교감 속에서 멜로디 이상이,
이 시대의 진짜 노래들이 태어나고 있다.

우리도 청춘과 교감하며
우리만의 멜로디를 만들어 나가길.

오늘도 누군가의 걸작 속 한 페이지가 되기를,
당신의 멜로디가 청춘의 선율이 되길.
교감은 그렇게, 또 다른 걸작을 준비하고 있으니까

𝄞 청춘과
성숙의
교감°

패션계에서 성공한 CEO로 누구보다 바쁘게 살아가는 그녀 줄스.
하지만 남부러울 것 없는 그럴듯해 보이는 삶 뒤에 결핍이 먼지처럼 켜켜이 쌓이고 있었다.
시들어 가는 그녀 앞에, 은퇴 후 무료한 삶을 보내던 70세의 시니어 인턴 '벤'이 등장한다.

낯설고, 필요하지 않다고 느껴졌던 벤의 존재.
그러나 벤은 누구보다 묵묵히, 다정하게 그녀의 옆을 지킨다.
말보다는 태도로, 조언보다는 경청으로, 그는 그녀와 교감하며 따뜻한 울림과 위로를 전한다.

줄스는 벤을 통해 성숙한다.
성공만이 인생의 전부가 아니라는 것을.
때론 속도를 늦추고, 반추해보고 포용하는 시간이 더 깊은 성장을 만든다는 것을.

벤 역시 줄스를 통해 청춘을 본다.
유연한 감각과 지치지 않는 열정
서로의 다름 속에 청춘과 성숙이 스며들어 교감한다.

이야기의 끝에서 우리는 알게 된다.
청춘은 단지 나이로 정의되는 것이 아니라,
끊임없이 배우고, 서로의 마음에 귀 기울이며 자라난다는 것을.
교감을 통해 청춘은 오늘도 성장해나간다.

🎼 고유한
향기로
남아 ○

그림자를 찾지 못한 사나이, 장바티스트 그르누이는
시끄러운 시장통 쓰레기 더미에서 태어났다.
그에게는 천재적인 능력이 있었는데 바로 후각이었다.
다른 사람들이 맡지 못하는 흐릿한 향기까지 찾고, 기억한다.

홀린 듯 향기를 따라 그렇게 걸음을 옮기며
향수에 취해 사람을 죽여 그 사람만이 있던 고아한
향기를 얻는다.

타인이 가지고 있던 고유의 향을 탐하고 탐해, 향기가
없는 자신에게 타인의 향기를 입힌다.
타인의 향기를 쫓다 모두를 홀려버리지만 공허감은
채워지지 않는다. 그 홀림은 결국 죽음으로 귀결되며

자신의 향기를 남기고 그렇게 한 청년의 청춘은 끝을 맺는다.

아무리 고혹적인 향기를 뿌린다 해도
그 향기가 자신의 것이 아니라면
언젠가 그 향기를 잃기 마련이다.

가을 길에서 묻다,
우리만의 향기를 내고 있나요?

𝄞 청춘
스테이션 °

함께이기에 완성되는 멜로디, 청춘이라는 이름의 걸작

아침에 불 꺼진 창가처럼, 사나운 비가 무수히 내린 날, 평범한 여느 날과는 조금 다른 주말.

하늘은 짙은 회색으로 내려앉았고, 빗소리는 고요히 창을 두드렸다. 묘하게 기분 좋으면서도 평범해야 할 주말 하루가 특별함으로 깊어진 건, 아마도 빗줄기 때문이었을 것이다. 하지만 그 빗소리조차 특별하게 들리는 날이었다.

바로, 멜로망스의 콘서트가 있던 날.

쏟아지는 빗소리를 음악 선율로 여기며 나는 콘서트

장으로 향했다. 축축했던 공기가 어둠을 가르며 피아노 선율이 흐르고, 두 사람의 목소리가 하나 되어 울려 퍼지기 시작했다.

음악은, 노래는, 단지 무대 위에서만 완성되는 것이 아니었다.
아름다운 멜로디는 관객의 숨결과 공기를 타고 완성된다. 듣는 우리가 있어, 노래는 살아 움직인다.

무대 위의 멜로망스는 데뷔 10주년을 맞이하고 있었다. 청춘의 꿈을 피웠던 공간은 단지 1평 남짓한 작업실이었다고 한다.
그 좁은 공간에서 시작된 고민과 사유, 음악과 삶에 대한 치열한 이야기들은 결국 사람들의 마음을 울리는 선율이 되었다.

그들의 음악은 '로맨스 스테이션'의 주제처럼 우리 청춘의 한 정거장에 머물며 쉼표가 되어 주었고, 어떤 날엔 시작점이 되었으며, 어떤 날엔 위로의 종착점이 되어 주었다.

그들이 무대 위에서 나눈 이야기 중 가장 오래 가슴에 남았던 말은 이 한 문장이었다.
"국밥 같은 가수가 되고 싶다."

요즘은 너무도 많은 것들이 빠르고 효율적으로 흘러간다.
감정도, 관계도, 인생조차도 양식처럼 정형화되어 가고 있는 시대.

 그런 흐름 속에서 '국밥 같은 가수'란 말은 묵직한 울림이 있었다.
쉽게 잊히지 않는 진한 국물처럼, 오래도록 곁에 남는 사람.
언제 먹어도 따뜻하고 익숙한, 정겨운 것.
그 말에서 음악이라는 것이, 그리고 인생이라는 것이 그리고, 청춘이라는 것이 결국은 진정성에서 빛난다는 것을 다시금 느꼈다.

그날 멜로망스의 무대는 청춘의 단면처럼 찬란하게 빛났다.
그 빛은 화려한 조명에서 온 것이 아니라 멜로망스의 두 사람의 청춘 길 위에 서로에 대한 음악을 향한 열정과 교감이었다.

무대를 완성하고 한 편의 뮤지컬이 완성되는 콘서트의 걸작품은 '완벽함'에서 나오는 것이 아니라 '함께함'에서 나온다는 진리, 청춘의 길 위에서 바라보았다.

함께 만들어가는 예술. 함께 완성되는 감정.
'걸작'이라는 이름에 가장 가까운 무언가가 아닐까.

음악이 그러하듯, 우리의 인생도 그러하다.
너, 나, 우리가 함께 걸어갈 때, 그 길은 무지개처럼 아름다워질 수 있다. 그 길 위에서 서로의 멜로디를 포개며, 우리는 각자의 삶을 완성해 나간다.

청춘은 때로 거칠고, 외롭고, 불확실하다. 하지만 그 길 위에 누군가의 노래가 흐르고, 함께하는 이가 있다면, 우리는 분명 빛나는 순간을 맞이할 것이다.

그렇게 우리는 그들처럼 청춘 길 위에 우리만의 걸작을 만들어 간다. 완벽하진 않아도, 진정한 걸작을.

𝄞 사랑의
방식 ○

어릴 적부터 소아마비로 남들보다 천천히 세상을 걸어온 여사님이 계셨다.
한쪽 다리를 절며 걷는 그녀에게는, 늘 한 사람의 발걸음이 함께였다.
남편이었다.
그는 언제나 아내보다 조금 앞서 걸었다. 먼저 발을 디뎌 울퉁불퉁한 길을 확인하고,
뒤돌아 그녀가 무사히 따라오고 있는지 확인했다.
속도를 늦추는 것도, 다시 발걸음을 맞추는 것도
그에겐 습관이자 기쁨이었다.
동네 산책길에서도, 장을 보러 가는 길에서도,
두 사람은 나란히, 혹은 앞뒤로 걸었다.
겉으로 보기엔 흔히 볼 수 있는 부부의 모습 같지 않을 수도 있었다.

하지만 그 뒷모습에는 세월이 쌓아 올린 깊은 신뢰와 애정이 깃들어 있었다.

남편의 어깨는 조금 굽었지만,

그 굽은 어깨는 수십 년 동안 바람을 막아주고,

비를 대신 맞아준 사랑의 울타리였다.

남편의 속도와 아내의 속도는 달랐다.

하지만 그 차이를 채우는 것은 '기다림'이었다.

아내가 멈추면 남편도 멈췄고,

아내가 다시 걸으면 남편도 발을 옮겼다.

그 기다림 속에는 말로 다 하지 않아도 느껴지는 다짐이 있었다.

"나는 언제나 당신과 함께 걸을 거예요."

아내를 위해 먼저 길을 걷는 사랑,

그리고 그런 남편을 향해 온전히 마음을 건네는 사랑.

그 두 가지가 한 사람의 인생 속에서 동시에 살아 숨쉬고 있었다.

그들의 발걸음은 마치 가을의 잎처럼,

시간이 깊어질수록 더 진한 색으로 물들고 있었다.

언어의 온도 속 한 구절,
"사랑은 종종 뒤에서 걷는다."

어떤 사랑은 한 발 앞서서 넘어지지 않게 길을 닦고,
어떤 사랑은 한 발 뒤에서 혹시 모를 위험을 감싸안는다.
사랑의 형태는 다르지만, 그 마음은 같다.
서로를 향한 방향이 같기에,
그 걸음은 결국 같은 곳으로 향한다.
사랑의 방법에는 정답이 없다.
다만, 앞에서든 뒤에서든 그 거리를 채우는 마음이 중요하다.
믿음과 신뢰가 스며 있는 걸음은
비바람이 불어도, 계절이 바뀌어도 흔들리지 않는다.
잎이 가장 붉게 물드는 순간처럼,
사랑도 깊어질수록 더 단단해지고, 더 선명해진다.
그 선명함이 지나면 언젠가 잎은 떨어질 것이다.
하지만 그 붉은 색이 남긴 기억은
서로의 마음속에서 오래도록 따뜻하게 번져갈 것이다.
오늘의 우리는 그들의 걸음을 보며 배운다.

함께 걷는다는 것의 의미를,
속도를 맞춘다는 것이 얼마나 큰 사랑인지,
그리고 그 사랑이 계절의 변화처럼
조용히, 그러나 확실하게 피어난다는 것을.

𝄞 Dream을 위한 Dream °

자신의 마음속 이야기에 귀를 기울이고, 통찰하며 반추해 보는 사람.
역동적인 '나'를 찾아가는 지혜로운 여정이란 무엇일까, 청춘에게 질문을 던져보고 그에 대한 꿈을 찾는 것은 모든 청춘 길에서 고민일지도 모른다.

우리 '표면적 마음'이 곧 '나'라고 생각하지만, 실제로 내면에는 비밀의 마음이, 다양한 내가 존재한다.
우린 청춘 길에서 우리의 약점과 마주치곤 한다.
하지만 이 약점을 두려워하지 않고, 직면하며 나아간다면 훨씬 발전적이고 성숙한 나를 만날 수 있을 것이다.

우리는 수없이 긴장과 불안한 상황을 맞이한다.
예를 들면 '홍당무는 이제 그만'처럼 붉게 물든 발표 같은 상황을 말이다.
청춘에게 지금 여기 있음을 존재를 확인해 주듯이.

"잘해야 해"라는 말은 스스로에게 긍정적 다짐이지만 오히려 이러한 긍정적 다짐과 생각이 오히려 '불안'으로 이어질 수 있다.
"너무 잘하지 않아도 괜찮아, 애쓰지 않아도 괜찮아"

'불안'은 누구나 경험할 수 있다.
교감신경의 작용으로 긴장하는 것은 인간의 의지가 아니기에 바꿀 수 없는 아주 자연스러운 현상이라는 점을 이해하고 무조건적으로 잘해야 한다는 생각보다는 "나대로 잘하자", "그리고 지금도 잘 하고 있어"라고 말해보자.

'불안'을 억지로 억제하려는 생각보다 누구나 '불안'과 긴장을 경험할 수 있다는 사실을 담담하고 자연스럽게 받아들여 보는 것.

청춘이 아픔과 치유를 통해 성장하는 것처럼.

단점과 치부가 없는 완벽한 청춘은 없으니, 오히려 불완전한 나를 인정하고 앞으로 나아가는 삶을 살아간다면 내일의 나의 Dream은, 나의 청춘은 더 빛나지 않을까.

현재에 충실한 청춘에게 찬란한 미래가 있다는 사실. 오늘도, 내면을 바라보는 시각을 찾아가는 청춘의 빛나는 여정을 걸어가길.

Sound Episode 4
겨울,
하얀 낭만으로 물들어
새로운 봄을 맞이하는 계절

우리는 우리의 계절을 걸어간다,
지금도 우리만의 계절을 걸어가는 중이다.
봄, 여름, 가을, 겨울은 또 그렇게 우리만의 이야기로,
사계절의 찬란함으로 물든다.

𝄞 우리들의
　　　블루스♪

누군가의 진 푸른 봄은 누군가의 푸른 봄으로 다시 피어난다.

슬픔을 감추려는 듯 목 놓아 울지 못한 밤 줄기
별도 달도 숨은 밤 12시.
일률적으로 쉼 없이 달려가던 시곗바늘이 멈췄다.
가족들을 지킨다는 일념 하나로 총소리의 울리는 소리도 겁 없이 여명이라 생각하며 용감한 삶을 살았던 청춘의 사나이.
할아버지의 청춘의 시계는 그렇게 고이 잠드셨다.

가난에 힘겨웠던 시절
공부를 하고자 머나먼 학교길을 4계절의 고단함을,
길에 피고 지는 순간들을 함께 보며 걸었다

자식을 키우며 나이테에 물결이 늘어갈 때
깊어진 엄마의 노을은 져간다.

비가 유난히 많이 내리던 날, 나는 책 한 권을 들고 카페로 향했다.
유리창 너머 세상과의 거리를 잠시 멈춰두고 책을 펼쳤다.
책장을 넘기며 커피머신의 반복적인 리듬에 맞춰 사색에 잠겼다.

잠시 후, 내 시선은 한 학생에게로 향했다.
불편한 유니폼 차림, 커다란 백팩, 자리에 앉자마자 조심스레 조촐한 늦은 식사를 시작했다. 하지만 식사도 잠시, 불편한 유니폼을 입은 채
구부정한 자세로 고개를 떨구고 그 자리에서 그대로 잠이 들었다.
안쓰러움이 밀려들었지만 동시에, 그 모습에서 열심히 살아가는 한 청년의 모습이 보였다.
끊임없이 돌아가던 커피 머신처럼, 그 청년도
자신의 꿈과 목표를 위해 쉴 새 없이 살아가고 있다

는 걸 느낄 수 있었다.

매미들도 소리를 멈춘, 무더운 한여름날. 더위를 잊게 해줄 책이 도착했다.
현관문을 열자, 땀을 비 오듯 흘리는 택배기사 청년이 내 앞에 서 있었다.
그는 더운 날씨 속에서도, 누군가에게 꿈이 담겨 있을지 모르는 택배를
기꺼이 두 팔로 안고 달려온 것이다.

그 모습에서 나는 또 한 명의 청년을 보았다.
자신의 꿈을 품은 채 묵묵히 땀 흘리는 그 청년의 모습에서,
나는 뜨거운 하루를 견디며 조용히 미래를 향해 달려가는 단단한 용기를 보았다.

어느 날, 오랜만에 반가운 푸드트럭이 동네에 들어왔다.
푸드트럭이라는 작은 공간 속에는 소소한 행복과 따뜻한 사람 냄새, 그리고
젊은 청년의 열기가 가득했다.

뜨거운 불 앞에서 땀을 흘리며 음식을 만들고 판매하는 그의 모습은
그 자체로 꿈을 향해 나아가는 청춘의 모습이었다.
삶의 한 장면, 한순간에서
그 뜨거운 열정이 고스란히 전해졌다.

다양한 공간에서, 서로 다른 리듬으로 살아가는 청년들.

우리는 종종 잊는다.
'시간'이라는 단어가 모두에게 똑같이 주어졌지만, 그 속도를 재는 시계는 각자 다르다는 것을.
20대에는 공부라는 이름으로, 30대에는 나를 나타내는 명함으로, 40대에는 정점을 향한 여정으로 시간을 살아간다.
그렇게 우리는 사회가 정해놓은 '규칙'이라는 시계 아래 걸어간다.

하지만 어느 날 문득, 그 시계에서 잠시 내려와 나만의 속도로 걷고 있는 이들을 보게 된다.

그리고 생각한다.
"정말 중요한 건, 속도가 아니라 방향이 아닐까."

미완성의 하루가 있다.
일을 다 끝내지 못했고, 마음도 어딘가 흐트러졌다.
그러나 어쩌면 오늘의 미완성은, 내일의 완성을 위한 하나의 과정일지도 모른다.
오늘 땀 흘린 만큼, 내일은 조금 더 빛날 것이다.

누군가는 지금 속도를 내고 있고, 누군가는 천천히 숨을 고른다.
어떤 이는 무거운 짐을 내려놓음으로, 또 다른 이는 이제 막 출발선에 섰다.

모두가 아름답다.
지금 이 순간을 치열하게 살아가는 모든 청년은,
이미 충분히 빛나고 있다.

우리들의 청춘은 그렇게 자란다.
우리들의 푸른 봄날은 꽃답게 피어난다.

당신의 리듬으로 걷는 그 길 위에, 언젠가 작은 무지개가 걸리길.

𝄞 끝은 또
다른 시작 °

"나는 죽기로 결심했지만, 결국 살아가기로 마음먹었다."
「스물아홉 생일, 1년 후 죽기로 결심했다」

29살, 시작보다 끝이 더 선명하게 다가오는 나이.
초라한 단칸방이 전부였고, 세상은 등을 돌린 듯 보였다.
희망의 빛이 완전히 사라졌다고 믿었던 어둠의 터널 속,
그녀는 우연히 라스베이거스의 네온을 보았다.
화려한 불빛과 허무가 뒤섞인 거리에서
스스로에게 '단 1년'의 기한을 주었다.
그 1년 동안, 남은 삶을 다 쓰듯 살아보기로.

시간은 생각보다 빠르게 흘렀다.
봄의 햇살은 따뜻했지만 불안했고,
여름의 공기는 무겁고 숨이 찼으며,
가을은 잎이 붉게 물들수록 더 쓸쓸하게 다가왔다.
그리고 겨울이 왔다.
마지막이라 여겼던 계절의 끝에서,
그녀는 깨달았다.
자신이 선택한 것은 '죽음'이 아니라 '살아감'이었다는 것을.

삶은 완성된 길 위가 아니라,
스스로 길을 만들어가는 과정 속에 있다.
때로는 길이 보이지 않아도 한 걸음씩 나아가다 보면
그 끝에 빛이 기다리고 있음을 알게 된다.
끝이라 생각했던 순간이,
사실은 가장 붉게 물든 가을의 잎처럼
가장 찬란하게 빛나는 때일지도 모른다.

어쩌면 지금 이 순간이,
다시 살아보기로 결심한 당신만의 '스물아홉'일지도
모른다.
끝처럼 느껴지는 지금이,
실은 새로운 계절이 시작되기 직전의
가장 아름답고 뜨거운 순간일 수 있다는 것을.

어쩌면 지금도 다시 살아보기로 결심한
당신만의 스물아홉일지 모른다.

🎼 이중성

'흑'과 '백', '밤'과 '낮', '여름'과 '겨울' 등 대조적인 모습이 누구에게나 있지 않을까.
지킬앤하이드에서 '선'과 '악'이 두 존재가 양립하는 모습처럼 말이다.
누구에게나 양면의 모습이 존재하고, 우리는 가면 속에 자신을 숨기며 살고 있진 않을까.
가면을 벗어던지고 진짜의 나를 알아가는 것도 중요하겠지만, 이중적인 나의 모습도 나이며, 때로는 이 가면이 세상에서 지혜롭게 대처하는 방법이 되기도 하며, 나 자신을 사랑할 수 있는 사람으로의 도약으로 생각하면 어떨까.

겨울 유리창에 비친 풀꽃이 예쁘게 살랑거려 시선이 창문에 머물렀다.

오묘한 노을빛이 창에 드리워 있는 모습이 참 아름답게 느껴져 사진 속에 추억으로 담았다.

그런데 재밌는 것은 창으로 바라본 노을빛에 아름답게 흩날리던 풀꽃이 바깥에서 보았을 때는 아름다운 모습이 아니었다는 것이다.

마음대로 자라난 길가에 흔하게 피어있는 풀들과 다를 게 없는 일반 풀이었다.

'이중성', 어떻게 보면 이중성은 자연스러운 것이기에 이것을 이해하고 수용하는 마음이 필요하지 않을까라는 생각이 들었다.

대신 '흑'과 '백', '낮'과 '밤'처럼 딱 정해진 틀에서만 인생을 바라보지 말고, 흑과 백이 섞여 회색이 되는 것처럼,

낮과 밤이 합쳐져 노을빛의 저녁이 있듯이, 중심을 잘 잡고, 중용의 자세로 유연하게 사고하는 것이 현재를 지혜롭게 살아가는 방법이자 미래의 혜안을 볼 수 있는 자세이지 않을까.

사고의 관점을 부정이 흔들 때마다 긍정의 힘으로 이겨낸다면 가면이 오히려 나를 이해하고, 성장하는 계기가 되지 않겠나.

겉으로는 흔하디흔한 풀이 안에서는 노을빛에 물든 아름다운 풀꽃으로 보았듯이, 잡초를 꽃으로 볼 수도, 꽃을 잡초로 볼 수도 있듯이
우리의 관점을 긍정의 눈으로 바라보는 시선을 갖는다면 이 인생 또한 따뜻하지 않을까,
그리고 냉정과 열정 사이인 '미지근함'처럼 그렇게 미지근한 중용의 시선으로 바라본다면 더 많은 것들을 눈에 담을 수 있지 않을까.

🎼 고독감을
넘어

친구와, 가족과, 연인과 함께하는 평범한 일상
우리는 그 안에서 웃고, 눈을 맞추고, 따뜻한 밥 한 끼를 함께 나누며 소소한 온기를 주고받았다. 그러던 어느 날, '코로나19'라는 낯설고도 거대한 파도가 일상을 집어삼켰다.
잠시 출렁일 뿐일 거라 믿었던 그 혼란은 생각보다 깊고 오래도록 우리의 삶에 머물렀다.

단
절
감.

문 하나하나가 닫혔다.
도서관도, 카페도, 사람과 사람 사이의 거리도.

혹여 내가 누군가에게 피해가 되진 않을까 하는 불안 속에서 우리는 자발적으로 고립되었고,
낯선 고요함은 곧 외로움으로 변했다. 하지만 외로움은, 비단 팬데믹 때문만은 아니었다.
우리는 이미 오래전부터 관계 안에서도, 사람들 틈에서도 문득 스며드는 고독을 안고 살아가고 있었는지도 모른다.
외로움은 인간이기에 피할 수 없는 감정이었다.
누구에게나 있었고, 누구도 완전히 벗어날 수 없는 마음의 그늘.
그래서 우리는 사랑을 하고, 친구를 사귀고, 때로는 누군가의 손을 잡는다.
그러나 가장 먼저 필요한 건 타인의 손보다
자기 자신을 마주할 용기일지도 모른다. 나는 그 외로움 위에 책이라는 다리를 놓았다.
닫힌 도서관 대신, 내 방 한켠에 조용한 서재를 만들었다. 켜켜이 쌓인 책장을 정리하고,
오랫동안 미뤄두었던 문장들과 다시 만났다. 정해진 시간에 쫓겨 읽던 책들을 이제는 천천히, 되새김질하며 읽을 수 있었다. 한 문장, 한 호흡마다 숨겨져 있던

위로가 비로소 가슴에 닿았다. 책장이 차곡차곡 채워지는 만큼, 내 마음에도 묵직한 사유가 자라났다.
그건 조용한 독서의 시간 속에서 피어났다.
코로나는 우리를 멀어지게 했지만, 그 틈에서 우리는 오히려 더 가까운 것들을 발견했다.
미처 돌아보지 못했던 가족의 온기, 혼자 있는 시간 속에서 드러난 나의 진짜 얼굴.
결국 중요한 건 '상황'이 아니라 '마음가짐'이었다. 불평 대신 감사를,
단절 속에서도 나만의 연결 방식을 택했을 때,
외로움은 회복과 성장의 이름으로 바뀌었다.

외로움은 누구에게나 있다.
그러나 그 감정은 때로 나를 더 깊이 이해하게 만들고, 관계를 더 진심으로 마주하게 만든다.
고립된 일상에서 책은 내 안의 빈 공간을 천천히, 따뜻하게 채웠다.
단절의 시간은 결국 스스로를 회복시킨 시간이었고, 나를 성장시킨 고요한 여정이었다.
우리는 여전히 코로나의 그림자 속에 살고 있지만,

어쩌면 그보다 더 오래,
우리는 '외로움'이라는 시대를 살아가고 있는 건 아닐까.
그리고 이 외로움의 한복판에서,
당신은 지금 무엇으로
당신의 마음을 채우고 있나요?

🎼 영원이라는
이름의
조용한 온기 °

우리는 '영원'이라는 단어 대신 '한결같음'이라는 단어에 더 익숙한 건 아닐까.
그래서 누군가에게 이상형이 뭐냐고 물으면,
많은 사람들이 이렇게 대답한다.
"마음이 변하지 않는 사람. 한결같은 사람."

그만큼 한결같음은 어렵고, 드물고, 귀한 것이다.
사람의 마음은 시시때때로 변하고,
관계는 예고 없이 멀어지고,
사랑은 말보다 빠르게 식어간다.
하지만 정말 '영원'은 없을까?

삶은 마치 정해진 종착역 없이 흘러가는 긴 줄타기 같다.

태어나는 순간은 정해져 있어도,
떠나는 시간은 누구도 모른다.
우리는 그렇게 유한한 시간 속에서
수없이 방황하고, 넘어지고,
그럼에도 불구하고 가장 가치 있는 것을 찾기 위해
하루하루를 살아내고 있다.

꽃은 피면 지고,
강물은 흘러가면 다시 흐르지 않지만,
그 안에서도 분명 지워지지 않는 어떤 것들이 있다.
부모와 자식 간의 사랑.
스스로 쌓아 올린 노력과 지혜.
이 두 가지는 시간 앞에서도 흔들리지 않는 것들이 아닐까.

가장 달콤하면서도 가장 흔들리는 감정, 사랑.
설레고 아프고 고소하고 쌉싸름한, 마치 초콜릿 같기도 하고,
뜨거운 냄비처럼 금세 식어버리기도 하는 것.
에로스적 사랑은 어쩌면 그리 오래가지 않기에 더 찬

란한지도 모른다.
그러나 부모의 사랑은 다르다. 조건 없이 주고, 아낌없이 주는 사랑.
그 사람의 아픔마저도 껴안는, 단념할 수 없는 사랑.

"딱 한 번이라도 좋다. 낡은 비디오테이프를 되감듯이 그때의 옛날로 돌아가자.
나는 펜을 내려놓고, 읽다 만 책장을 덮고,
두 팔을 활짝 편다. 너는 달려와 내 가슴에 안긴다.
내 키만큼
천장에 다다를 만큼 널 높이 들어 올리고 졸음이 온 너의 눈,
상기된 너의 뺨 위에 굿나잇 키스를 하는거다"
- 이어령「딸에게 보내는 굿나잇 키스 中」

그는 살아생전 딸에게 따뜻한 아버지가 되어주지 못한 것을 끝내 후회했고,
남은 생의 모든 문장을 딸에게 보내는 '굿나잇 키스'로 남겼다.
따뜻한 말 한마디, 안아주는 손길 하나를 건네지 못한

그 시간을 되돌리고 싶어 했다.
그 후회는, 사랑이라는 감정이 유한한 시간 앞에서도
결코 사라지지 않음을 보여주는 증거다.

생각해 보면, 정해진 유한한 시간 속에서
진짜 '영원'이란 건, 어쩌면 스스로 쌓아 올린 것들일
지도 모른다.
누가 시켜서가 아니라 자기 자신이 원해서 한 노력,
기꺼이 걸어온 길 위에서 얻은 지식과 깨달음,
그것은 결코 사라지지 않는 나의 일부가 되어 남는다.

자격증 하나,
머릿속에 남은 문장 하나,
누군가에게 전달한 따뜻한 위로 한마디.
이 모든 것이
한 사람의 시간 위에 새겨지는 '영원의 조각'이 아닐까.

끝없이 바뀌는 세상 속에서
변하지 않는 것 하나를 찾는다는 건,
결국 나의 내면을 단단히 쌓아가는 일이란 걸,

그리고 그 안에서 진짜 사랑과 용기를 발견하는 일임을
이제는 조금 알 것 같다.

'영원한 것은 없다'는 문장은,
어쩌면 틀릴 수도 있다.
그 문장 뒤에 아주 조용히 남겨진
"하지만, 예외는 있다."
는 말을 새겨본다.

우리의 하루가 그 예외로 빛날 수 있기를.
그리고 누군가의 가슴 속에서,
한결같았던 당신의 마음이
청춘이라는 영원의 이름으로 기억되기를.

𝄞 슬픔과
기쁨 °

열심히 달려왔다.
힘든 날에도 쉬지 않고 걸었다.
그런데 우린 여전히 같은 자리를 맴돌고 있는 것만 같다.

마치 다람쥐가 쳇바퀴를 아무리 돌아도 밖으로 나갈 수 없듯,
우리는 한참을 달려도 여전히 '그 자리'인 것처럼 느껴지는 때가 있다.
하지만 시선을 바꿔보면, 물레방아는 끊임없이 돌아 물의 흐름을 만들고,
다람쥐에게 그 쳇바퀴는 지루한 일상 속 운동과 활력을 주는 요소가 되기도 한다.

우리는 오랫동안 '개미와 베짱이' 이야기 속 개미의 성실함을 칭찬하며 살아왔다.
그리고 지금도 개미처럼 우직하게, 묵묵히 일하고 있다.
그렇다면 베짱이처럼 일하는 삶은 과연 잘못된 것일까?

베짱이가 보여준 여유로움, 자신이 좋아하는 일을 즐기는 태도는
삶을 즐겁게 하기 위한 '준비의 과정'으로 바라볼 수도 있지 않을까.

개미의 성실함도, 베짱이의 여유로움도 모두 삶의 정답이 될 수 있다고 믿는다.
일할 땐 개미처럼 진지하게 몰입하고,
쉴 땐 베짱이처럼 마음껏 즐기며 자신만의 호흡을 찾아가는 것.
그것이야말로 진정한 삶의 균형이 아닐까.

고독한 자신의 방에서 슬픔과 기쁨이 공존하기 마련이고, 열심히 달려왔기에 도래한 '은퇴장'이라는 졸업장을 받으면서도 마냥 기쁘지만은 않은 현실 상황, 아

침에 무거운 발걸음으로 직장을 향하는 직장인들을 보며 오히려 부러워하는 구직의 소용돌이 속에서 계속 돌고 있는 많은 사람들, 또는 헤어질 준비가 안되었는데 덜컥 맞닥뜨려야 했던 실업이라는 상황, 가족, 지인, 연인과의 이별 등 무수한 소용돌이 속에서 파도를 넘나들며 다양한 스트레스를 받으며 살아가는 것, 그것은 바로 삶이기 때문이다.

떼려야 뗄 수 없는 불가분의 관계인 스트레스라는 존재.

그렇다면 스트레스를 어떻게 해결하고, 이겨나갈 수 있을까.

스트레스를 잘 해소하는 것이 중요한 이유는, 청춘의 여정에 드리울 찬란함의 순간을 위해 인고의 시간이 필요하기 때문이다.

변혁적 리더십, 서번트 리더십 이 두 리더십을 청춘 위에 놓는 것이다.
유연한 사고를 가지고, 다양한 색채를 가진 직원들의

의견에 경청하고, 꾸준하게 적극적인 의사소통을 통하여 리더십을 발휘하며 긍정적 상호작용이 오가는 리더십을 우리 삶 속에서도 적용해 보는 것이다.

누군가는 직장이 아닌 다른 공간에서 슬픔 또는 기쁨을 마주하고 있을 것.
다람쥐가 쳇바퀴 돌 듯, 매번 우리는 살면서 다양한 관계를 맺으며 살아간다.
아름다운 발걸음, 아름다운 시간, 아름다운 공간, 아름다운 관계로 매 순간이 청춘처럼 아름답다면 좋겠지만

우리는 매 순간 다양한 상황 속에서 스트레스를 받게 된다. 직장인들은 상사와의 관계, 동료들과의 인간관계, 업무적 스트레스, 정해 놓은 스케줄의 갑작스러운 수정, 미팅이나 회의 등 직장이라는 곳은 업무 전반에 걸친 스트레스가 공존할 수밖에 없는 작업 공간.
그리고 이상하리만치 청춘 빛이 희미해진 낯설게 느껴지는 미지의 공간.

학업에 열중하는 모든 학생들은 학업이 있는 학교나 학원에서, 직장에서는 직장에서 끝내고, 공간이 바뀌었을 때는 스트레스를 해소하기 위해서 나만의 방법을 찾는 것이다.

스트레스를 긍정적으로 마주하기 위해서 몸에 활력을 주는 운동을 했고, 좋아하는 취미 활동을 하고, 쉬는 날엔 침대에 접착제가 붙어있는 것처럼 자보기도 했다.
행여나 주말에 잠을 충전한다고 해서 시간 낭비라고 생각하지 말 것. 잠이 보약이란 말이 괜히 있는 게 아니기에.

스트레스를 해소하고 슬픔보다는 기쁨이 도래하는 삶을 영위하기 위해서는 청춘의 드리워진 어둠을 찬란함으로 덧입히여야 한다. 그 방법으론 바로 생각을 전환하는 것.

스트레스가 없는 삶은 오히려 무기력하고 나태를 가져다주고, 도태감을 가져올 수 있기에.

아무도 없는 흰 방에 스트레스 없이 혼자 있다면 과연 행복할까요? 오히려 스트레스라고 여겼던 관계가 그리워지고, 스트레스가 많았던 공간이 낫다고 여길 수도 있다.

다양한 색감을 가지고 있는 고유한 사람들이 있는 공간, 시끌벅적한 다양한 언어가 오가는 공간에서 나만의 스트레스 해소법을 통해서 슬픔보다 기쁨을 맞이하는 청춘의 하루가 되길.
기꺼이 어둠의 빛을 청춘의 찬란함으로 색칠하길.

𝄞 바다의
노래 °

하늘하늘 머리를 스치며 지나가는 바다의 바람은, 인생의 한순간을 담고 있다. 철썩이는 파도 소리에 맞춰 자유롭게 날아오르는 갈매기 떼는 우리가 품은 꿈의 흔적을 담고 있고, 깊은 바닷속 울림은 마음속에 오래도록 맴도는 기억과도 닮아 있다.
어둡지 않은 밤으로 밝혀주는 등대 불빛은 늘 그 자리에서 우직한 희망이 되어, 묵묵히 중용을 보여준다.

삶의 한 폭은 바다의 모습을 닮아있다. 고요히 일렁이다가도 예기치 못한 거센 파도가 밀려와 삶을 흔들곤 하지만 바다는 결국 다시 잠잠해지듯, 우리의 마음도 언젠가 평온을 되찾는다. 바다는 그렇게 중용을 가르쳐 주었다. 흔들릴 수 있지만, 무너지지 않는 오뚝이 같은 삶의 균형 말이다.

바다가 물었다.
누군가에게 어둠 속 길을 밝혀주는 등대였던 적이 있었는지,
거센 파도 앞에 선 방파제였던 적이 있었는지,
혹은, 고요히 위로를 건네는 물결이 되어주었던 적이 있었는지.

어쩌면 인생은 누군가의 바다가 되어주는 과정인지도 모른다. 때로는 거칠게 요동치기도 하고, 때로는 깊은 울림을 남기기도 하며, 또 때로는 고요히 머물러 곁을 지켜주는 바다처럼 말이다.

드넓은 수평선을 바라보며 깨닫는다.
바다가 우리를 품듯, 우리 역시 누군가의 파도이자, 등대이자, 방파제가 되어줄 수 있다는 것을 말이다.

그리고 오늘도 바다의 노래를 통해
그렇게 조금씩, 바다처럼 넓어져 간다.

타인과 시선 °

"거짓의 색으로 물든 나를 마주하는 일은 안개 속 거울을 들여다보는 것과 같다. 내가 아닌 모습은 행복이 머물지 못하는 빈자리만 남긴 채, 나를 잊어가는 고요한 공허만을 남긴다."

'진짜 나'를 마주하는 일은 어렵고, 때로는 두렵습니다.
하지만 거짓은 복잡하고 진실은 단순합니다.
우리는 스스로를 복잡하게 만들고 있을지도 모릅니다.

드라마 「안나」의 유미는 '안나'라는 타인의 삶을 살아갑니다.
원하는 것을 가지기 위해, 자신을 지우고 '안나'가 되었죠.

우리는 가끔, 내가 정말 원하는 것이 무엇인지조차 헷갈릴 때가 있습니다.
"내가 그것을 정말 원했는지는 가져보면 알게 된다."
성공해 본 후에야, 그것이 내가 진심으로 바랐던 것인지 아닌지를 깨닫는 순간.
그 모든 성취의 끝에서 느끼는 허망함은,
진짜 '나' 없이 이루어진 것들이 얼마나 덧없고 불안한지를 말해줍니다.

아델베르트 폰 샤미소의 소설 『그림자를 판 사나이』의 주인공 슐레밀은 물질'과 '풍요'를 얻고 대가로 악마에게 '그림자'를 팔아 자신을 지웁니다.

"금화에 묻혀서도 초라하게 지냈다."
그의 외적인 성공은 그림자 없는 정체성을 잃은 자만이 남아있었죠.

그는 악마가 다시 손을 내밀었을 때, 이렇게 말합니다.
"자, 그만합시다. 우리 이제 헤어집시다."
진짜 나를 위해 용기 있는 이별을 고하죠.

우리는 가끔 못난 나를 감추거나 잊히길 바랍니다.
더 완벽하고 인정받는 타인의 모습을 꿈꾸죠.
심리학에서 말하는 인정욕구처럼요.

하지만 그런 삶은 나의 삶이 아닌 타인의 삶입니다.
그 안에는 기쁨과 진짜 행복도 없습니다.

있는 그대로의 나를 수용하고, 포용하는 연습.
그것이 우리가 진짜 나로 살아가는 첫걸음이 아닐까요.

"얼어붙은 겨울 위로 우리의 하얀 낭만이 내리다, 그렇게 우린 새로운 봄을 다시금 맞이해."

🎼 집으로
　　　돌아가는
　　　　　　길。

하루의 끝,
집으로 향하는 길 위에서 나는 매번 다른 하늘을 만난다.
건물 사이로 고개를 내민 햇빛은 마치 자기주장을 하는 듯 강렬했고,
구름을 비집고 나와 하루의 마무리를 알렸다.
아침을 깨우고 저녁을 감싸는 그 빛은 참 부지런하다.
늘 우리 곁에서 시작과 끝을 함께하니까.
아침의 빛은 언제나 새롭고, 저녁의 빛은 언제나 깊다.
그 속에서 나는 오늘 하루를 다시 한번 돌아보게 된다.
그러나 어떤 날은 그 빛이 구름에 가려져 있었다.
매일 오가는 길인데, 왜 어떤 날은 유난히 더 아름다울까.
아마도 모든 날이 맑을 수 없듯,

다양한 표정이 있기에 푸른 하늘이 더 고마운 게 아닐까.
빛과 그림자가 번갈아 가며 나타나야
우리는 그 빛의 귀함을 온전히 알게 된다.
그 변화무쌍한 하늘은 마치 사람의 마음 같아서,
더 정겹고 오래 바라보게 된다.
밤이 찾아오면 도시는 또 다른 빛으로 물든다.
거리를 밝히는 가로등과 창문 불빛은
마치 어두운 길목을 외롭지 않게 지켜주는 사람들 같았다.
형형색색의 불빛이 눈 위에 부드럽게 번지면,
검은 도화지 위에 하얀 파스텔을 흩뿌린 듯 고요하고도 환하다.
길이 이렇게 매번 다르듯 우리의 하루도 매번 조금씩 다른 빛깔로 채워진다.
평범한 날에도 특별함이 숨어 있고,
특별한 날에도 평범한 안도감이 있다.
그 속에서 느껴지는 작은 안심이 이 도시를 더 사랑하게 만든다.

버스 안에서 발견한 작은 것들도 발걸음을 가볍게 한다.
터질 듯한 둥근 얼굴로 웃음을 주는 하차벨,
하루의 끝을 알리는 종이지만,
인생에는 '하차'가 아니라 또 다른 시작이 있다고 말해주는 듯했다.
버스 문 옆을 지키는 라이언 인형은
하루를 시작하는 사람들과 끝맺는 사람들을 묵묵히 맞이하고 배웅했다.
그 자리에 서서 웃음을 건네는 모습이
왠지 모르게 든든하고 다정했다.
누군가의 하루에 별다른 이유 없이 스며드는 따뜻함이란
이런 얼굴을 하고 있는지도 모른다.
그런 순간을 발견하면,
피곤했던 하루에도 웃음이 스며든다.
어느 날은 퇴근길 하늘에 무지개가 걸렸다.
사람마다 고유한 색이 있지만,
무지개처럼 상황에 따라 다른 빛을 내는 건
그만큼 세상과 잘 어울려 살아간다는 뜻일 것이다.
가끔은 내 색을 잃지 않으면서도 다른 색과 조화를 이

루는 법을 배워야 한다는 걸, 하늘이 가르쳐 주었다.
그 무지개를 오래 바라보다 보니,
오늘 하루도 나만의 색으로 잘 버텼다는 생각이 들었다.
그렇게 하루는 매번 다른 얼굴을 하고 끝나지만,
그 안에는 변함없는 것이 하나 있다.
집으로 향하는 길이 주는 안도감과 설렘이다.
문득 하늘을 올려다본 순간,
창밖으로 스치는 불빛,
버스 안에서 마주친 소소한 웃음과 표정들,
그 모든 것이 모여 하루를 완성한다.
그 길을 걷는 동안에는
아무리 무거웠던 하루라도 조금은 가벼워진다.

곰돌이 푸우가 말했듯,
"매일 행복할 수는 없지만 행복한 일은 매일 있어."

집으로 가는 길 위에서 만난 작은 빛과 웃음,
그 소소한 순간들이 모여 하루를 붉게 물들이고 있었다.
잎이 가장 붉게 만개한 순간이 그렇듯,
이 짧은 찰나들이야말로 삶이 우리에게 건네는 가장

아름다운 선물이었다.
그리고 나는 알았다.
가장 눈부신 순간은 멀리 있는 것이 아니라
매일의 귀가 길,
그 길 위에서 소리 없이 피어나는 것이라는 걸.
하루가 아무리 무겁더라도,
그 길 끝에는 언제나 따뜻한 빛이 기다리고 있다는 것을.
그리고 그 빛이 있어, 내일의 나도 다시 이 길을 걸어갈 수 있다는 것을.

언젠가 너도 나처럼
기억에 살아갈 테니
눈처럼 너를 안고
따뜻했던 그 겨울을 기억해

🎼 삶을
닮은
겨울 길 ○

겨울의 길 위를 걷는다는 건, 곧 삶을 걷는 것과 닮아 있다. 설원을 향해 이어지는 길은 언제나 희미하다. 흰 눈밭은 목적지를 감추고, 금세 발자국마저 덮어버린다. 하지만 결국은 멈추지 않는 발걸음이 우리를 설원에 도달하게 한다. 흔적이 지워져도, 길이 사라진 듯 보여도, 그 끝에는 묵묵히 걸어온 우리의 걸음이 삶 속에 남는다.

삶에는 검은 어둠에 잠식된 밤이, 회색빛에 물든 하루가 누구에게나 그렇듯 긴긴밤이 찾아오곤 한다.

그러나 겨울의 긴긴밤을 끝내 눈부신 눈빛으로 덮어내듯, 삶 또한 고통을 덮고, 다시 새 빛을 수놓는다. 그렇게 이겨낸 시간들은 봄이라는 새로운 빛으로 이어지고 계절로 일깨워 준다.

늘 그렇듯 반복되는 일상의 길목, 낯선 풍경이 눈에

들어왔다. 커다란 눈사람 하나가 길목의 모퉁이에 서 있었다. 구름 조각처럼 몽글몽글 뭉쳐진 몸통, 일자인 무표정한 눈, 그리고 세 갈래로 갈라진 나뭇가지 팔. 장승을 연상하게 만드는, 우직하게 길목을 지키고 있는 그 눈사람은 묘하게 웃음을 자아냈다. 퇴근길에 불쑥 나타난 작은 풍경이었지만, 그 자체로 소소한 기쁨이었다.

나는 털장갑과 모자를 가져와 눈사람에게 씌워주었다. 얇은 가지 손에 장갑이 끼워지자 온기가 번졌고, 산타 모자가 얹히자 무표정했던 얼굴에 어느새 설렘이 더해졌다. 마지막으로 가지 하나로 스마일 모양의 입을 만들어주니, 눈사람은 하루의 행복을 전하는 웃는 눈사람으로 변신했다. 그것은 단순히 내게만 주어진 우연의 기쁨이 아니었다. 그 눈사람은 길목을 지나는 모든 이에게 겨울의 드라마 같은 장면을 선물하게 되었다.

눈사람의 미소처럼, 따뜻한 마음 하나가 차가운 계절을 바꾸어 놓을 수 있다는 것을 낯선 풍경 속 포근한 눈사람을 보며 깨달았다.

겨울은 우리에게 넌지시 말한다. 삶은 설원을 걷는 길

처럼 고독하고, 긴긴밤처럼 깊은 시련을 안기지만, 그 안에서 우리는 기도하고 추억을 쌓으며, 결국 사랑으로 이어진다고 말이다.

눈발 속 발자국이 지워져도, 삶의 걸음은 결코 헛되지 않다.

겨울은 끝이 아니라, 봄을 부르는 시작이기 때문이다.

Sound Episode 5
Songs of the Four Seasons

"우리들의 사계절"

𝄞 해연화(解緣花)ㅇ

정석대로 불러내는 전통 노래, 한 가락의 선율을 노래하는 영화 해어화 속 주인공 소율의 삶은 이별에 미숙한 어른의 모습이었다.
순정과 인연을 소율은 믿었다.
운명처럼 사랑하던 친구와 남자친구에게서 철저한 배신을 마주하기 전까지는 말이다.
인연이라 믿었던 사람들은 어느 순간 등을 보였고, 남은 건 회복되지 않는 상처와 허무뿐이었다. 배신과 이별의 후유증은 그녀를 사랑하지 않는 사람과의 연을 잇게 만들었고, 한때 순정이라 믿었던 친구와 남자친구에게 복수를 통해 인연을 이별로 마주한다.
복수는 성공했지만, 자신을 잃어버린 소율은 더 이상 전통 노래를 부르는 '소울'이 아닌, 변주곡을 부르는 '소울'이 되어 버렸다.

인연이 이별이 되어 마주한 소율에게서 우린 삶의 여정을 바라볼 수 있다.

삶을 살아가면서 우리는 수많은 인연을 맺고, 또 헤어짐을 반복한다.

어쩌면 만남이 있으니 당연히 헤어짐이 있는 것임에도 우린 인연에는 순정하면서, 이별에는 순정하지 못하고, 시간이 흘러도 담백해지지 못한다.

하지만 나를 잃어버리게 만드는 인연은 더 이상의 인연이 아님을, 온전한 나를 마주하는 냉정한 이별이 더 성숙한 삶의 모습일지도 모른다.

영화의 제목인 해어화(解語花)는 '풀 해(解), 말씀 어(語), 꽃 화(花)'로 이루어져, '말하는 꽃'이라는 뜻을 지닌다.

꽃이 계절마다 피어나고, 또 지고, 다시 피어나듯,

만남으로 피어나도 이별로 또 지고, 또 새로운 만남으로 피어난다.

우리의 인생길 여정은 말하는 꽃의 세계에만 머물러 있지 않다. 오히려 '해연화(解緣花)'라는 말이 더 가깝지 않을까.

풀 해(解), 인연 연(緣), 꽃 화(花)로, 인연을 이루고 그 인연을 지혜롭게 풀어내며, 이별마저 꽃처럼 피워내는 삶.

해어화적인 삶보다는 해연화적인 삶을 살아감을 통해 우린 더 나로의 성숙한 꽃으로 피워내는 삶의 여정을 바라볼 수 있지 않을까.

꽃처럼 담담히 맞이하는 용기로 인연을 풀어내듯, 이별을 두려움이 아닌 풀어내는 삶의 길을 걸어갈 것.

인생의 소울은, 우리에게 나지막이 말한다.

"삶은 만남으로만 이루어지지 않아, 이별 또한 삶을 완성하는 한 부분이야"

해연화,

인연을 이루고, 과정을 풀어내며, 마침내 꽃으로 피워내는 삶.

우리의 내일의 삶도 그렇게 성숙한 꽃으로 피워내길.

𝄞 그럼에도
　　　불구하고
　　　　　피어나다。

끝없이 펼쳐진 공간, 매일 걷는 운동장은 유난히 넓다. 발자국들이 겹겹이 쌓였다가 바람에 지워지는 그곳은 마치 세상의 축소판 같다. 처음엔 그저 운동을 위해 찾던 자리였다. 그러나 매일 같은 길을 반복해 걷다 보니, 그 안에서도 무수히 다른 얼굴들을 발견하게 된다.

그 가운데 늘 나의 눈길을 머물게 만드는 존재감 넘치는 것이 있다. 바로 아스팔트 틈새에 고개를 내민 작은 꽃들이다. 단단하고 숨구멍 하나 없는 아스팔트 땅 위에서 어떻게 그 작은 생명이 뿌리를 내리고, 꽃을 피워낼 수 있는지 볼 때마다 놀랍고 또 마음이 뭉클해진다.
꽃은 그저 '아름답다'는 한 단어로 설명될 수 없었다.

꽃은,
작은 틈 사이에서 살아있고, 버텼고, 결국 피어났다고 강하게 읊조리고 있는 듯했고,
그 작은 틈에서 힘겹게 피어난 꽃의 이야기는 우리의 삶의 선언 같았다.
숨통 하나 없어 보이는 곳에서도 결국 틈을 찾아내고, 거기서 끝내 피어나는 생명.
생명을 품은 꽃은 삶에 대해 너도 결국 잘 피어날 것이라고 말한다.
이 꽃의 이야기는 또 다른 한편의 조각들로 이어진다.
   소음과 바쁨이 가득한 현실 속에서 누군가의 기억을 싣고, 추억을 담아 가는 세종고속시외버스터미널.
터미널은 언제나 다양한 사람의 열기로 가득 채운다.
수많은 버스들은 누군가의 향수를 담아 쉼 없이 들어오고 나가며, 기억을 나르는 시간들이 교차하는 공간이다.
도심을 상징하는 회색빛 건물인 세종고속시외버스터미널의 주변 풍경은, 도심의 바쁜 속도와 소음 가득한 공기와는 달랐다.
싹을 틔우고, 꽃봉이를 맺어 노란빛 꽃들이 어느샌가

파도의 물결처럼 일렁여 아름다운 정원의 만개한 꽃들처럼 있었다. 마치 봄날의 개나리 물결이 도심을 통째로 감싸는 듯한 모습이었다.

수많은 소음과 빠른 속도의 세계 한복판에서조차, 꽃은 자기의 계절을 잊지 않았다.

오히려 꽃은 그 복잡함 속에서 극적인 대비감을 자아내 자신의 존재감으로 더 빛냈다.

꽃은 완벽한 흙을 기다리지 않는다. 대신 지금 이 자리에서 가능한 틈새를 찾는다. 그 안에서 뿌리를 내리고, 자기 몫의 꽃을 피워낸다. 그 모습은 우리에게 삶의 본질을 가르쳐 준다. 삶이란 좋은 환경을 기다리는 것이 아니라, 지금 내가 있는 자리에서 가능성을 발견하고, 그 속에서 자기만의 꽃을 피워내는 과정이라는 것을.

길이 막히고, 빛이 보이지 않는 어둠 속에 터널을 걸어가는 순간들이, 돌아보면, 우리도 모두 삶의 여정이라는 길에서 힘든 시간을 지난다.

아주 작고 미약하지만, 그곳에 희망의 씨앗을 심을 수 있고 그 순간들에도 반드시 틈은 찾아온다. 우리는 그 작은 틈에서도 기어코 자신만의 꽃으로 피어난다. 우리만의 빛깔을 세상에 펼쳐낼 수 있다는 것을 자연은 그렇게 알려주었다.

나는 오늘도 넓은 운동장을 걷는다. 그리고 가끔은 세종고속시외버스터미널의 분주한 풍경을 스친다. 그곳에서 만난 꽃들은 내게 늘 같은 말을 건넨다.

"삶은 견디는 것이 아니라, 피어나는 것이다."

그리고 언젠가 우리도, 나만의 운동장 한가운데에서, 혹은 도심의 소음 속 한복판에서, 나의 꽃으로 만개해 있을 것이다.

🎼 추가된
하루의 선물,
2월 29일 °

우리는 흔히 1년을 365일이라 부른다. 그러나 지구의 자전은 365일에 조금 더해진 약 6시간을 더 돈다. 그 남은 6시간은 매해 조금씩 쌓이고, 마침내 하루라는 완전한 시간을 만들어낸다. 그렇게 모아진 24시간은 4년에 한 번, 특별한 날로 우리 앞에 선물처럼 나타난다.

바로 2월 29일이다.

대부분의 해에는 2월 28일로 끝나고, 너무도 당연하게 3월 1일의 아침을 맞이한다. 그러나 4년에 한 번, 달력에 조용히, 깜짝 특별한 손님처럼 모습을 드러내는 2월 29일은 삶이 내민 하루라는 선물 같은 시간이다. 언제나 똑같을 것이라는 같은 하루들이 사실은 얼마나 기적 같은 것인지 2월 29일, 하루를 느끼며 알게 해주었다.

매년 2월 28일, 그리고 그다음 날인 새로운 해의 3.1일. 언제나, 또 만날 수 있을 것이라는 믿음 때문에 굳이 일출을 보러 가지 않곤 했다. 그런데 2월 29일이 준 하루라는 소중한 시간의 선물은 추가의 삶이 주어진 만큼, 사랑하는 가족과 귀여운 조카들의 손을 꼭 잡고 바닷가로 향했다. 깊은 밤의 자정을 넘어, 밝게 빛나는 아침을 맞이하기 전 새벽녘에 떠오른 태양빛은 바다 물결을 붉게 물들이며 다채로운 삶의 빛깔을 보여주었다. 눈부시게 솟아오르는 태양은, 하루가 결코 당연히 주어지는 것이 아님을 다시금 일깨워 주었다. 그 순간, 매일의 시간이 곧 삶의 여정이며, 그 여정의 하루하루가 얼마나 소중한 것인지 태양을 보며, 2월 29일은 알게 해주었다.

2월 29일은 추가로 주어진 하루라는 24시간의 의미만을 지니지 않았다. 그 시간은 삶에서 받은 선물이었고, 사랑하는 이들과 함께하는 시간의 귀중함을 확인시켜준 날이었다.

시간들은 오늘의 하루 끝에서 우리에게 알려준다.

비단 2월 29일 만이 아니라, 우리가 맞이하는 모든 하루가 선물이라는 사실을.

𝄞 멈추지 않을
우리들의
무대°

우리는 우리만의 재즈를, 우리만의 무대를 걷는다.
깜빡이는 신호등, 넓은 도로 위로 자신만의 사연을 담은 사람들은 자신만의 무대로 걸어간다.
아름다운 선율이 흐르는 삶의 무대 시카고의 거리도 그랬다.
눈부신 불빛과 화려한 재즈 선율 속에서 사람들의 이야기가 스쳐 지나가며 도시는 하나의 거대한 쇼처럼 펼쳐지고 있었다.
1920년대, 금주령의 시대. 진실은 담배연기가 되고, 범죄물은 흑의 스캔들보다 자신의 스타덤의 붉은 스캔들로 자리 잡아 진실보단 겉의 화려함으로 포장되었다.
어두운 사회의 단면 속에 진실을 감추고, 매혹적인 거짓으로 붉게 자신을 치장했다.

우리도 사실보다 '각색된 장면'이 더 강렬하게 와닿고, 우리도 우리의 삶을 각색된 장면 속으로 가다듬곤 한다. 시카고의 록시와 벨마가 갈망한 것은 단지 무죄가 아니었다. 그들이 원했던 것은 스포트라이트, 환호, 대중의 시선이었다.

진실을 외면한 화려한 각색에 숨겨진 스포트라이트와 환호, 타인의 시선이 진정한 우리를 비추는 무대일까. 우리만의 재즈, 우리만의 무대는 어디에 있는가.

우리가 서야 할 무대는 화려한 커튼 속에 꾸며진 나가 아니라, 화려한 커튼 밖으로 새어 나오는 나만의 다채로운 빛깔로 물든 무대, 그것이 우리만의 재즈이자 무대이지 않을까.

흑백의 암흑이 아닌, 스스로의 색으로 채워가는 무대. 아름다운 선율 위에서 숨김없이 자신을 드러내는 무대. 그것이야말로 진정성 있는 삶의 무대가 아닐까.

뮤지컬의 막이 내리고 화려한 조명은 꺼지고, 박수 소리가 잦아들자 무대는 고요 속으로 사라졌다. 우리만의 무대란 무엇인지에 대한 물음을 남긴 채 말이다. 그리고 우리는 다시 깜빡이는 신호등과 자신만의 사연을 담은 현실이라는 무대로 돌아온다.

오늘도 무대 위에는 사람들이 오가고, 이야기가 스쳐 지나가며, 도시의 불빛은 또 다른 무대로 반짝인다.
그 모든 화려함 속에서도 진짜 무대는 따로 있다.
중요한 것은 무대 위의 환한 스포트라이트가 아니라 각자의 선율로 연주하는 자신만의 노래이다.
진실을 빛깔로 물들이며, 나라는 다채로운 무대 위에 각자의 재즈를 연주한다.
그리고 그렇게 우리는 또다시 우리만의 무대를 펼쳐 나간다.

"소중한 오늘이란 기록,
내일은 더 소중한 여정"

"내일은 너만의 태양이 떠오를 테니"

"계절은 돌고 돌아, 다시 그대 곁으로"

사
계
의
　레
　코
　드。

사계의 레코드

초판 1쇄 인쇄 2025년 9월 17일
초판 1쇄 발행 2025년 9월 17일

지은이　　　김단아

디자인　　　포레스트 웨일
펴낸이　　　포레스트 웨일
펴낸곳　　　포레스트 웨일
출판등록　　제2021-000014 호
주소　　　　충청남도 아산시 탕정면 용머리길 40 유니콘101 216호
전자우편　　forestwhalepublish@naver.com

종이책　　　979-11-94741-45-9

ⓒ 포레스트 웨일 | 2025
· 이 책은 저작권법에 의하여 보호받는 저작물이므로 무단 전재와 복제를 금합니다.
· 이 책 내용의 전부 또는 일부를 이용하려면 사전에 저작권자와 포레스트 웨일의 서면 동의를 얻어야 합니다.

작가님들과 함께 성장하는 출판사
포레스트 웨일입니다.
작가님들의 소중한 원고를 받고 있습니다.
forestwhalepublish@naver.com